KB013226

변화하는 청소년과
# 직업세계

**국립중앙도서관 출판시도서목록(CIP)**

(변화하는 청소년과) 직업세계 : 학교-직업세계 이행의 사회학 /
야지마 마사미, 미미즈카 히로아키 편저 ; 이우현, 강영배 옮김. --
서울 : 북코리아, 2007
　　p. ;　　cm. -- (북코리아 사회학신서)

원서의 2판을 번역함
원서명: 變わる若者と職業世界
참고문헌과 색인수록
ISBN　978-89-92521-16-1　93330 : ₩14000

336.24-KDC4
331.12-DDC21　　　　　　　　　　　　　　CIP2007000701

| 학교-직업세계 이행의 사회학 |

# 변화하는 청소년과
# 직업세계

야지마 마사미 · 미미즈카 히로아키 편저
이우현 · 강영배 옮김

북코리아

# |머|리|말|

　일본 사회는 역사상 유례없는 사회적 변화를 경험하면서 새로운 세기를 맞이했다. 발전된 산업사회에서는 변화와 변동이 끊임없이 발생하고 그러한 변동이 일상화된다. 그러나 지금 우리가 직면하고 있는 변동은 그 양적 규모와 속도가 엄청날 뿐만 아니라, 역사상 경험해 보지 못한 변화라는 점, 즉 비연속적이며, 역사상 유례가 없는 사회변동이라는 점에 그 본질이 내포되어 있다고 할 수 있겠다.

　인구(자녀수 감소, 고령화), 직업·산업, 정치, 교육·문화 등 모든 차원에 걸친 변동은 전세계적인 규모의 '대경쟁(大競爭)'이라는 맥락(context) 속에 있다. 예를 들어 정보화, 국제화, 자유화·시장화, 구조적 성향의 약화, 개성화·다양화 등을 키워드로 한 다양한 대응책이 모색되고 있다. 이러한 사회적 변화는 그 속도가 상당히 빠르며, 지금까지 경험해 보지 못한 사회적 변동이기 때문에 우리는 혼란스러운 변화를 과학적으로 해명하여, 이것을 토대로 적절한 사회적 설계(social design)를 해야 하며, 이러한 것이 오늘날을 살아가는 우리에게 주어진 중요한 과제 가운데 하나라고 할 수 있겠다.

　변동의 세기, 이에는 직업세계 자체의 변화나 직업생활의 모습변화까지도 포함되어 있다. 산업구조, 직업구조, 인구구조의 변화는 실업률을 지금까지 경험해 보지 못한 수준으로 끌어올렸고, 전직(轉職)을 증가시켰으며, 취업형태까지도 다양하게 변화시켰다. 기업의 고용형태에도 커다란 변화가 보이는데 이른바 일본적 고용관행에도 변화의 징조가 명확하게 드러나고 있다. 이 책에서는 특히 청소년에게 초점을 맞추어 그들과 직업세계의 관련성에 어떠한 변화가 있는가를 냉정하게 관찰하여, 변화를 초래한 모든 배경을 분석하며, 이러한 분석의 토대 위에서 현재 일본 사회가 직면하고 있는 과제의 해법을 제시하고자 한다.

어떻게 하면 청소년기에서 성인기, 학교에서 직업세계로 원활하게 이행하도록 하며, '성인의 역할', '직업적 역할'을 제대로 하게 하는가? 이른바 '청소년기에서 성인기로의 이행(transition)과제'는 모든 사회가 해결하지 않으면 안 되는 기본적 과제이다. 이를 위해 다양한 사회는 각각의 고유한 제도나 규범에 기초하여, 차세대의 사회를 짊어지고 나가야 할 청소년을 사회에 적극적으로 참여하도록 지원하였다.

일본 사회에서는 지금까지 많은 청소년들이 중등교육기관이든 고등교육기관이든 3월에 학교를 졸업하면 4월 1일부터 정규직원으로 회사에 출근하기 시작했다. 다시 말해서, 학교사회에서 직업세계로 직접 이동하며, 성인기로의 원활한 이행을 달성해 왔다. 우리에게 너무나도 당연한, 이러한 학교에서 직업세계로의 이행형태는 지극히 일본적인 체계였다.

고도 경제성장기 이후 일본에서는 신규 졸업자의 일괄고용 시스템이라는 특수한 일본적인 고용제도의 존재나, 다수의 직업적 선발역할이 학교에 위임되는 등의 특징에 따라, 이러한 이행 시스템은 상당히 효율적으로 그 기능을 수행하였다. 즉, 일본사회에는 학교와 실제사회의 유기적 연계 시스템을 통하여 청소년기에서 성인기로의 이행을 원활하게 수행하기 위한 체계가 구축되어 있었다. 그러나 오늘날 이른바 프리터(Freeter)나 진학 또는 취직도 하지 않는 청소년 무업자층(無業者層)의 증가를 나타내는 통계가 상징적으로 이야기해 주고 있듯이, 이미 세계적으로 그 명성을 떨치고 있는 이러한 일본적 시스템은 붕괴되고 있다. 지금까지 그다지 문제가 되지 않았던 청소년기에서 성인기로의 이행과 관련된 모든 문제가 일본 사회에서도 중요한 과제로 부상하기 시작하였다. 그것은 어떠한 배경에 의한 것인가? 일본 사회에서 청소년들은 어떻게 하여 성인기·직업세계로 이행하고 있는 것일까? 이 책의 부제인 「학교─직업세계 이행의 사회학」은 이러한 문제의식에서 출발한다.

이 책은 다음과 같은 목적으로 구성되었다. 청소년과 직업세계를 둘러싼 현황을 가능한 범위내에서 실증적으로 관찰하여, 그 배경을 이론적으로 해명하는 것이다. 먼저 제1장에서는 학교에서 직업세계로의 이행에서 나타나는 일본적 구조를 비교사회학적 관점을 통해 찾아내며, 제2장에서는 최근 청소년 노동시장의 변모를 체계적으로 기술한다. 제3장에서는 기업 등의 고용측면에서 청소년을 둘러싼 고용관행 등의 변화를 설명한다. 다른 한편으로 제4장에서는 성(gender)의 관점에서 노동세계를 해부하며, 나아가 제5장에서는 청소년 자신의 라이프스타일과 직업의식의 변화를 관찰한다. 마지막으로 제6장에서는 청소년과 직업세계의 관련성의 변화를 상징적으로 나타내는 주제로 고졸 무업자층의 점진적 증가현상을 설명하며, 제7장에서는 조기이직·전직의 증가현상을 주제로 사회학적 분석을 시도하고자 한다. 또한 제8장에서는 청소년의 실상을 실제적으로 제시한다.

이론적 고찰은 사실적 실태파악에서 출발한다. 동시에 사실성은 이론의 도움을 빌린 구조적 배경 속에 위치하게 됨으로써 처음으로 사람의 삶의 모습으로서 파악될 수 있다. 이 책은 이러한 내용을 구성의 측면에서 충분히 고려하여 편집하였다. 독자에게는 제1부 이론과 실증 부분과 제2부 사례연구 중 어느 쪽부터 읽어도 상관없으나, 청소년의 삶의 모습과 그 구조적 배경·이론적 설명을 모두 고려하면서 읽어 주었으면 하는 바람이다.

 마지막으로 이면에 숨겨진 문제의 심각성에 압도당해 작업의 진행이 당초 계획보다 많이 늦어진 집필진들을 격려해 주고, 시사적이며 동시대적인 과제를 선정해 주신 학문사 사장님께 깊이 감사드린다.

2001년
편저자

## 제2판 |머|리|말|

이 책을 발행한 이후 청소년과 직업세계는 새로운 변화를 경험하고 있으며, 새로운 자료를 중심으로 한 실태파악의 필요성이 증가하였다. 정책적 측면에서도 다양한 노력이 이루어지고 있다. 이 때문에 최소한의 수준에서 내용을 추가하거나 수정하여 제2판을 출판하게 되었다. 단지 제1판(2001년) 이후의 새로운 사회적 변화에 대해서도 검토하고자 한다.

2005년
편저자

# |역|자|서|문|

　청소년과 직업에 관한 문제는 오늘날을 살아가는 한국사회, 한국사람들만의 문제는 아닐 것이다. 소위 말하는 선진국에서는 오래전부터 청소년의 실업 및 학교-직업세계 이행의 불안정화 문제가 사회적 관심사로 등장하여, 현재는 청소년 실업의 문제가 일상화되었다고 해도 과언이 아닌 상황에 처해 있다. 이 책의 주된 대상이 되고 있는 일본사회에서도 1990년대에 들어서면서부터 이전에는 경험하지 못한 새로운 변화들이 사회 곳곳에서 일어나게 된다. 제2차세계대전 이후 경제가 성장일로를 걷던 일본사회 및 일본인들에게 있어 청소년 실업의 문제는 '문제'가 아니었다. 노동력의 공급의 주체인 청소년들은 '골라먹는 재미'에 익숙해져 있었으며, 취직 그 자체에 관심을 가지기보다는 어떻게 하면 '좋은 조건'의 일자리를 '선택'할 수 있을까가 그들의 주된 관심사였다.

　하지만 상황은 역전되었다. 1990년대 이후 경기침체와 맞물려 부모의 경제력에 의존해 비교적 경제적으로 여유로운 청소년기를 거친 이들의 가치관에도 변화가 일어나기 시작한 것이다. 즉 '집단'보다는 '나'에 대한 가치를 중요시하게 되었으며, 이로 인해 청소년들은 '나'라는 존재가 소멸되고 말 것이라는 불안감으로 인해 기업에 들어가는 것을 부정적으로 바라보기 시작한 것이다. 이러한 의식의 변화는 결국 경제불황으로 인한 일자리 부족과 함께 청소년들의 직업세계 이행에 커다란 변화를 초래하게 된다.

이러한 현상에 대해 노동경제학자인 도쿄대학(東京大學)의 겐다유지(玄田有史) 교수는, 이전의 일본사회는 학교 졸업 후 취직이라는 단선적 이행 구조를 가지고 있었는데 반해, 현재와 같이 학교를 졸업하고 난 이후에도 진학, 취직, 프리터, 무직 등과 같은 다양한 진로를 선택하게 되는 것이 사회의 이질성과 다양성을 제공하는 데 기여할 것으로 보고, 나아가 이러한 현상은 선진국으로 발전하기 위한 하나의 필연적 과정이라고 규정하였다. 물론 과도기적이기는 하지만 나름대로 일본의 청소년들은 지금 '자기찾기 여행'을 떠나 고행의 길을 걷고 있는지 모른다. 하지만 이러한 주장은 한국 사회를 살아가는 우리들에게는 생소한 주장일 수밖에 없으며, 전혀 설득력을 가지지 못하는 주장이다. 고등학교를 졸업하면 대학에 진학해야 하고(그것도 좋은 대학), 대학을 졸업하면 취직을 해야 하는 정형화된 이행경로, 마치 정답과 같은 이행경로를 거치도록 강요받는 사회에서 상당수의 청소년들은 낙오자가 되지 않기 위해 앞만 보고 달리고 있는지도 모른다. 어느 한 순간이라도 순조롭게 이행하지 못했을 경우 가족뿐만 아니라 주위로부터 낙오자, 패배자로 평가될 것이라는 스트레스로 인해 고통스러워 하고 있을 것이다.

대학에서 청소년에 관한 내용을 주로 강의하는 역자에게 있어 청소년 실업의 문제는 남의 일이 아닌 내가 가르치고 있는 학생들의 문제이며, 그들의 취업에 대한 고통을 피부로 느끼고 있다고 해도 과언이 아니다. 특히, 4학년생들… 너무 지치고 힘들어 보인다. 얼마 전 「환경과 인간」이라는 주제를 가지고 계절학기수업을 진행한 적이 있다. 수업에 참여한 학생들이 대부분 4학년생들이었기에 졸업까지는 불과 한 학기 또는 1년 남짓한 시간만을 남겨두고 있었다. 역자의 평소 관심이 '인간에게 있어 직업이란 무엇인가?' 란 물음이기에 학생들에게 '여러분들에게 있어 직업이란 무엇인가?' 란 질문을 던졌다. 대부분 대답을 주저하였다. 직업을 가진다는 것이 너무나도 당연하기에 새삼스러운 질문을 하니 당황스럽다는 눈치였다. 그들의 주된 관심은 취직을 할 수 있느냐의 여부이지 직업이란 무엇이냐가 아닌 것이다. 이러한 모습이 이 시대 한국 사회를 살아가는 청소년들의 자화상인 것이다.

이 책을 한국에 소개하게 된 계기는 크게 두 가지이다. 첫째, 역자(강영배)는 일본의 국립토호쿠대학(東北大學)에서 청소년의 직업의식구조에 관한 주제로 박사학위논문을 집필하던 중 저자의 책을 접했다. 이 책의 가장 큰 특징은 현대 일본사회의 청소년들과 그들을 둘러싸고 있는 노동시장, 직업세계의 변화, 직업의식의 변화에 대한 현황을 소개하는 데 그치지 않고 이론과 실제를 적절하게 접목시키고 있다는 점이다. 또한 기존의 연구서들은 청소년과 직업의 관계를 대부분 노동경제학적 접근을 취하고 있는 데 반해, 이 책의 저자들은 사회학적 차원에서 현상을 이해, 해석하려 하고 있다는 점이다. 한국사회에서는 청소년을 대상으로 한 직업관련 연구서적이 부족한 상황에서 이 책은 청소년 직업 노동시장을 연구하는 연구자뿐만 아니라 대학생, 청소년지도자, 일반인들의 교양의 측면에서도 크게 도움이 될 것으로 생각했기 때문이었다.

둘째, 공동역자인 이우현 교수님(명지대학교 경제학과 교수 겸 대학원장)은 대학시절부터 명지대학교 일본문제연구소를 통하여 청소년 노동시장과 일본사회 및 문화에 관한 가르침을 주셨으며, 일본 유학중에도 많은 가르침을 주셨는데, 2004년 귀국 후 청소년의 직업문제에 관한 심포지엄에서 청소년의 직업세계, 노동시장에 대한 체계적인 연구서적이 부재하다는 공통된 인식하에, 이 책을 번역하여 소개하는 것이 유의미한 연구작업이 될 것으로 판단하게 되었다.

공동역자인 이우현 교수님께 특히 감사드리고 싶은 것은, 이 책을 번역하던 2004년 명지대학교의 부총장으로 분주한 대외활동, 교육 및 연구활동에 여념이 없으심에도 불구하고 번거롭고 까다로운 번역작업에 많은 시간을 할애해 주셨다는 점이다. 아울러 어려운 출판 여건에도 불구하고 이 책의 번역출판을 허락해 주신 북코리아 사장님과 출판 및 편집을 담당해 준 편집부 여러분께도 감사의 말을 전하고 싶다.

2007년 3월 홍남골에서
역자 대표 강영배

# |차|례|

# 제2부 사례연구

> **표차례**

> **그림차례**

변 화 하 는  청 소 년 과  직 업 세 계

## 제1부

# 이론과 실증

# 청소년의
# 학교에서 직업세계로의 이행

## 일본적 구조와 전망

이른바 순위매김교육[偏差値教育] 및 획일적 교육체제는 교내폭력, 결석, 괴롭힘 등 교육을 황폐화시킨 문제점의 근원으로서, 임시교육심의회를 설치한 이래, 그러한 교육이 안고 있는 문제점의 개혁이 교육정책의 근본과제였다. 그러나 그러한 의식적인 개혁노력에 앞서, 거품붕괴라는 우연적인 경제상황의 변화가 순위매김·획일적 교육체제의 근간에 치명적인 타격을 입혔으며, 기존의 교육체계를 볼모없이 변모시키고 있다. 청소년들이 정규사원으로 취직을 하지 못한 채, 학교졸업 이후 이른바 프리터가 되는 이들은 문부성이 매년 실시하는 『학교기본조사보고서』에 의하면 1999년에 대학 졸업자 중 25.5%, 고등학교 졸업자 중 9.4%에 달한다.

이 같은 상황 속에서 각의결정 『경제구조의 변혁과 창조를 위한 행동계획』(1997년 5월)에 의해서 인턴십의 추진이 국책사업으로 이루어지게 되었고, 1997년 9월에는 문부성·통상산업성·노동성의 3성이 합동으로 『인턴십 추진에서의 기본적 방침』을 종합·정리하였다. 1998년도에 인턴십을 실시한 대학은 학교단위로 18.3%(국립대학 54.5%, 사립대학 19.6%, 전문대학 10.3%)이고, 또 학부단위로 10.9%(공학계열 35.4%, 인문과학계열 9.5%, 사회과학계열 11.5%)였다(문부성 『인턴십 가이드북 – 인턴십의 원활한 도입과 운용을 위해서』, 행정, 2000년, 1-2, 1-3). 과연 인턴십은 순위매김식 교육체제의 개혁이나 프리터의 문제해결에 도움이 되는 것일까?

1990년대 중반 미국에서는 청소년의 도제 훈련을 중심으로 하는 '학교에서 직업으로의 이행' 정책이 실패로 끝났다. 이 장에서는 이를 실마리로 인턴십의 영향에 대해 생각해 보고자 한다.

# 1. 학교에서 직업으로의 이행의 구조 : 미국·독일 비교

해밀턴(Hamilton, S. F.)은 청소년의 직업적 사회화를 열망(aspiration)과 기능(skill learning)이 일반적인 것(general)에서부터 개별적인 것(specific)으로 변화하는 과정으로 파악하고자 한다. 이러한 미국과 독일의 대학 비진학자의 직업적 사회화(vocational socialization)를 양국가에서 이루어진 관련조사연구를 토대로 비교하고 있다(「청소년의 노동시장 참여 국제비교」, 일본노동연구기구, 『고졸자의 진로선택과 직업지향-초기직업경력 추적조사로부터』 조사연구보고서, 1990, No. 4, pp.147~165). 제1항에서는 이에 대한 내용을 소개한다. 제2항에서는 대졸자의 취직을 포함해서 청소년의 직업적 사회화에 큰 영향을 미치는 사회구조(노동시장, 인간관행)의 유형과 그 동향에 대해 윈돌프와 우드(Windolf. P. and Wood, S.)의 영국과 독일의 기업비교조사를 근거로 해서 서술한다. 일본 청소년의 직업적 사회화는 제2절에서 고찰하고자 한다.

## 1) 청소년의 직업적 사회화

### (1) 독일 청소년의 직업적 사회화

해밀턴은 직업적 기능학습의 교육훈련제도는 직업적 열망의 변용과정에 결정적인 영향을 주고 있음을 시사하고 있다. 독일에서는 4년 간의 기초학교를 마치면 전기중등학교는 대학진학유형의 김나지움(Gymnasium)1)과 비진학유형의 레알슐레(Realscheule)2), 하우프트슐레(Hauptschule)3)의 세 종류로 나뉜다. 고등학교 진학자는 종합대학에 진학하고, 엘리트그룹으로의 진입을 꿈꾼다. 하우프트슐레 진학자는 졸업 후에 기업의 훈련생과 정시제의 직업학교학생의 이중 신분생활을 3~3년 반 계속하고, 상공회의소나 수공업회의소가 실시하는 수료시험에 합격하면, 직종별 전문노동자 자격을 취득하게 된다. 정시제 직업학교로부터는 중급수료증(본인의 노력 여하에 따라 전문대학으로의 진학도 가능)을 취득하여 사회에 진출하게 된다(2원형 직업교육 훈련제도).

사무직계열의 전문노동자 자격은 하우프트슐레 졸업자가 취득하기 어려

---

1) 역자 주 : 독일의 중등교육기관으로, 프랑스의 리세(lycée), 영국의 퍼블 릭스쿨(public school)과 비슷하며, 스웨덴에도 같은 이름의 고등학교가 있다. 어원은 그리스어의 김나시온(gymnasion: 체육장)이다. 독일에서는 16세기에 고전적 교양을 목적으로 하는 학교를 김나지움이라 하였는데, 이는 19세기 초에 대학입학을 위한 준비교육기관이 되었다. 그 후 사회의 발전과 근대과학의 발달에 따라, 외국어나 자연과학을 가르치는 각종 김나지움이 생겼다가, 나치시대에 김나지움 1종으로 통합되었다. 초등교육 수료 후 중등교육기관으로 김나지움 외에 하우프트슐레(Hauptschule: 주요학교), 레알슐레(Realschule: 실과학교), 게잠트슐레(Gesamtschule: 종합학교)가 있다. 김나지움은 19세까지의 9년제를 원칙으로 하고 있으며, 수료 때에는 아비투르(Abitur)라는 국가시험을 통하여 대학에 진학할 수 있다.
2) 역자 주 : 실용교육을 강조하는 독일의 중등학교로서, 실과학교(實科學校)이며, 중급기술자와 공무원 등을 양성하는 6년제이다. 1706년 C. 젬러가 할레에 설립한 수학과 기계학을 중심으로 한 레알슐레가 그 효시라고 하며, 1747년에는 J. J. 헤커가 베를린에도 설치하였다. 1859년 레알슐레는 재학기간과 교과과정에 따라, 종교, 라틴어, 역사, 지리, 근대어, 수학, 과학을 가르치는 9년제의 1급학교와 라틴어를 가르치지 않는 6년제의 2급학교로 분화되었으며, 1급학교는 1782년 레알김나지움(Realgymnasium)으로 발전하였다. 레알슐레는 1937년 나치 정부에 의해 제도상 소멸되었다가 제2차 세계대전 후 부활되었다.
3) 역자 주 : 주요학교라고 하며, 통상 5~9학년의 5년제이며, 주로 학교 졸업 이후 취직을 하여 직업훈련을 받는 이들이 진학한다. 학교졸업자들에게는 하우프트슐레 수료증이 수여된다.

우며, 그들은 블루칼라로서의 직업을 갖게 된다. 그들은 훈련종료 후에 취직할 수 있는 확률이 높은 대기업의 훈련공이 되기를 희망하지만, 그러한 바람이 충족되지 않을 경우 어쩔 수 없이 중소영세기업에서 직업생활을 시작하게 된다.

## ⑵ 미국 청소년들의 직업적 사회화

반면, 미국의 고등학교는 직업학교가 없으며, 종합제학교가 기본이다. 종합제학교에는 진학, 일반, 직업의 세 가지 트랙(track)이 있다. 이것은 교육위원회나 학교 당국자의 설명에 따르면 과목마다, 학년에 따라 학급편성이 이루어지지만, 실질적으로는 학년 간, 과목 간 이동이 극히 적은 능력별 학급편성이다. 그러나 무선발 입학제에서 성적에 따라 4년제 대학에 전학이 가능한 2년제 커뮤니티칼리지(community college)가 발달되어 있기도 하고, 고등학생들 사이에는 자신이 속한 트랙이 자신의 장래를 좌우한다는 의식은 희박하여, 자신이 어떤 트랙에 속해 있는가를 정확히 인식하고 있지 못한 이들도 있다. 직업트랙도 간단한 상업교육을 하는 정도로, 독일과 같은 본격적인 실기훈련을 수반하는 것도 아니다. 이 결과 독일의 청소년이 16세 정도가 되면 현실적인 전망을 품고 특정한 일에 종사하게 되는데 비해, 미국 고등학생의 직업적 열망은 낙관적·비현실적이다.

그러나 대학 비진학자가 고등학교 졸업 후에 걷게 되는 경로는 학생의 직업적 열망과 크게 동떨어진다. 오스터만(Osterman, P.)은 고등학교 졸업자는 주유소의 점원이나 레스토랑의 출납원 등과 같은 기능수준이 낮고 임금도 싸며, 고용도 불안정한 일을 20대 중반 가량까지 전전하게 된다고 했다. 그는 대학 비진학자가 걸어가는 이 시기의 일을 '몸부림치는 시기

(floundring period)'라고 했다. 20대 중반이 되고 행동이나 사고방식이 이른바 성인이 될 무렵에 그들 가운데 운이 좋은 사람은 대기업의 공장에 근무하는 사람의 연고로 큰 공장에 들어가게 된다. 반대로 운이나 연고가 없는 사람은 몸부림치는 시기의 불완전 취업이나 실업상태를 평생 계속하게 된다(Osterman, P., Getting Started: The Youth Labor Market, The MIT Press, 1980).

조기선발을 하지 않는 대신, 대학 비진학자를 이와 같은 비인간적인 직업생활에 방치하는 미국의 교육훈련제도가 조기선발을 하는 대신, 그 후에 잘 조직된 훈련과 고용지원을 하는 독일의 교육훈련제도에 비해서 어째서 민주적이라고 할 수 있는가? 라는 것이 해밀턴의 날카로운 문제제기이다.

## 2) 직업적 사회화를 규정하는 사회구조(노동시장, 인사관행)

### (1) 노동시장의 네 가지 유형

윈돌프와 우드는 영국과 독일의 기업인사(人事)조사에서 노동시장의 다양한 형태를 정리하기 위해 다음과 같은 틀을 제안했다. 세로축은 직위수행에 고도의 학력·자격이 필요한지(제1차 노동시장) 아닌지(제2차 노동시장)를 나누는 축, 가로축은 직위가 조직 외부에서 보충되는(외부노동시장)지, 조직 내부에서 보충되는(내부노동시장)지를 나누는 축이다. 이 두 축의 조합으로 다음 네 유형이 완성된다(Windolf, P., and S. Wood, *Recruitment Selection in the Labor Market: A Comparative Study of British and West Germany*, Avebury, 1988, p.204).

① 전문직시장(제1차 노동시장 × 외부노동시장)
② 내부승진·장기고용시장(제1차 노동시장 × 내부노동시장)

③ 자유노동시장(제2차 노동시장 × 외부노동시장)

④ 연고(緣辺)노동시장(제2차 노동시장 × 내부노동시장)

윈돌프와 우드는 영국·독일 비교연구에서 내부화(내부노동시장의 중요도 증가)와 학력주의화(제1차 노동시장의 중요도 증가)를 1970년대의 공통된 경향이라고 지적하고 있다.

## (2) 산업화와 내부노동시장의 성장(내부화)

영국이나 독일에서 내부노동시장화는 1970년대의 불황으로 인해 해고제한입법이나 기술혁신을 배경으로 추진되었다. 내부노동시장에서 직업능력은 기업 내부에서 OJT(on the job training)를 통해서 형성되는 기업 내에서 통용되는 특수한 기술형태로 형성되며, 전직은 노사 쌍방의 이익을 해치기 때문에 고용기간은 장기화되었다(Windolf, P., "Structured and Unstructured Internal Labour Markets", in Paul Windolf and Stephen Wood, op. cit., pp.148~149).

이러한 내부노동시장에는 국가에 따라서 차이가 존재한다. 윈돌프와 우드의 관찰에 의하면, 독일 기업의 내부노동시장은 공석의 내부 보충이라는 원칙만 지켜지면 그 후의 채용·배치에 의해서 기업측의 재량폭이 큰 「구조화되지 않은 내부노동시장」이다. 이에 반해, 영국의 내부노동시장은 기업측이 시행하는 공석의 내부 보충이 다시 노동조합의 가맹요건(pre-entry closed shop), 선임권제도(seniority principle), 직무분야(job demarcation lines) 등에 의해서 얽매여 철저하게 규제되는 '구조화된 내부노동시장'이다 (Windolf, P., op. cit., pp.149~162).

그들이 제시하는 이러한 유형은 오스터만이 미국의 관찰을 통해 1988년에 제창한 「샐러리맨형 내부노동시장」(일부 화이트칼라 특히 엘리트층과 일부 대기업 블루칼라 노동자층이 속하는 모델: 기업은 해고가 제한되어 있는 대신, 융통성 있는 직무등급 구분이나 인원배치와 임금제도에 의해서 경기변동에 대처한다)과, 「블루칼라형 내부노동시장」(대다수의 미국인이 속하는 모델; 기업은 자유로운 해고·재고용에 의해서 경기변동에 대처하지만, 해고·재고용이나 직무등급 구분·인원배치나 임금은 선임권 등에 의해서 엄격히 규제된다)의 두 유형에 대응한다(자코비, S. M., 荒又重雄·木下順·平尾武久·森晃 譯, 『雇用管理制一アメリカの内部勞働市場と"良い仕事"の生成史一』, 北海道大學圖書發刊會, 1989, pp.7~8).

미국에서는 포드형 공장생산의 번창과 함께 이미 제1차 세계대전 이후부터 과학적 관리법을 통해 노무를 엄격히 관리하기 위하여 자본가와 이에 저항하는 노동조합측의 분쟁 속에서 블루칼라의 분야에서 선임권제도(seniority principle)를 축으로 하는 내부노동시장의 형성이 시작되었다. 그러나 그러한 경향은 현업부문의 감독이나 인사관리의 분야에서 성장한 화이트칼라 부문에도 영향을 미쳤다(자코비, 전게서 참조).

## (3) 교육과 노동시장의 접속동향(학력주의화)

제2차 세계대전 이후 선진각국에서는 고학력화가 진행되었으며, 그 시기에 고등교육을 받고 졸업한 이들은 교육자나 연구자 등 교육제도 자체를 지탱하는 직업으로의 진출(내부소비)이 포화상태가 되면서, 상당수는 산업계로 눈을 돌리게 되었다. 그러한 현상은 앞에서 언급한 네 가지 유형 중 전문직시장과 내부승진·장기고용시장의 증대를 의미한다. 윈돌프와 우드는 유럽 여러 국가에서 그와 같은 현상이 진행된 시기를 1970년대 중반 이후

로 보고 있다. 그러나 그 두 유형의 증대 중 어느 쪽의 중요도가 높았는가는
나라에 따라 차이를 보였다(Windolf, P., *"Education as a Screening Device"*, in
Paul Windolf and Stephen Wood, op. cit., pp.163~198).

그들은 영국, 독일, 프랑스의 비교연구에서 산업계의 대졸자 비율이 프
랑스가 가장 높으며, 영국이나 독일의 두 배에 달하는 것을 발견하고 그 차
이를 다음과 같이 설명했다. 전자는 고학력화의 물결이 외부노동시장(전문
직시장)을 경유해서 노동시장에 파급되는 패턴, 후자는 내부노동시장(내부
승진·장기고용시장)을 경유해서 파급되는 패턴이라고 할 수 있다.

a. 직업구조 고도화형(occupational structure hypothesis): 조직의 특정
한 경력이 특정한 고학력자에 한정되거나, 그것이 조직 외부의 노동시장(전
문직시장)을 형성하기도 한다. 프랑스의 경우가 전형적이다. 경영관리자 중
에는 더러 높은 지위에 오른 사람도 있지만, 아직도 엔지니어는 그랑제콜
(Grandes Ecoles)4) 졸업자들이 독점하고 있다. 프랑스에서는 생산기술자
(technician)의 직위가 중등단계의 직업교육 자격에 따라 부여되는 경향도
보인다.

b. 직업 내 학력구성 고도화형(skill structure hypothesis) : 여러 가지
직업 중에서 고학력자의 비율이 높아져, 종래는 저학력자가 했던 일이 고학
력자의 일이 되어간다. 즉, 여러 가지의 직업내부에서 대체 고용이 진행되
었다(독일, 영국). 독일의 기술자나 경영자에게는 도제훈련 출신의 숙련공
이 노력하여 승진하며, 게다가 전문대학에서 학위를 취득하여 그 지위에 오
른 사람도 꽤 많다.

---

4) 프랑스에서 일반대학과는 계통을 달리 하며, 각 분야의 엘리트 양성을 목적으로 설립된
고등교육기관의 총칭으로 에콜 노르말 쉬페리외르(Ecole Normale Superieure 고등사
범학교), 에콜 폴리테크닉(Ecole polytechnique 이공과대학) 등이 있다.

## 3) 미국, 독일의 노동시장과 청소년의 직업적 사회화

앞에서 살펴본 바와 같이, 독일의 비(非)대졸 청소년들은 2원형 직업교육의 훈련제도 아래에서 전문노동자 자격을 취득하고, 그 후에 본격적으로 취직을 한다. 그러나 이 직업 자격은 그들에게 자유로운 전직(轉職)을 보장하는 독립성이 높은 것이라고 할 수는 없다. 직업자격은 기업 내 교육의 성과에 해당하는 증명서로서의 의미가 크며, 그들은 그 후 회사내에서 자격에 적합한 분야의 경험을 쌓아간다. 오스터만이 '화이트칼라형'이라고 한 내부노동시장의 직업별로 분화된 입구(port of entry, 직장으로 들어가는 문)에 대한 일종의 여권이라고 할 수 있다. 즉, 독일의 대학 비진학자가 도제훈련제도(apprenticeship)를 통해 경험하게 되는 직업적 사회화는 내부노동시장에 접속한다고 할 수 있다.

또한 미국의 청소년 가운데 운 좋은 이들은 20대 중반에 친척 등과 같은 연고 등을 통해서 취직하게 되는데 이러한 경우의 직장과 오스터만이 지적한 것은 사실은 노동 풀(labor pool)을 말하는 것이다. 그것은 대기업 블루칼라직의 선임권서열 최하위에 위치한 청소나 정리하는 일 등을 의미하며, 불황시에는 제일 먼저 해고(lay off)되고, 호황시의 재고용 기회는 가장 마지막에 돌아오는 직위이다(小池和男, 『職場の勞働組合と參加－勞資關係の日米比較－』, 東洋經濟新聞社, 1977, p.67 참조). 다시 말하면 오스터만이 '블루칼라형'이라고 한 내부노동시장(미국인의 대다수가 종사하는 유형)에 접속하는 '연고노동시장'이다. 몸부림치는 시기는 그 앞의 자유노동시장에서 일어나는 일이기 때문에 대학 비진학자의 직업적 사회화는 '자유노동시장'에 접속된다고 할 수 있다.

이러한 '블루칼라형' 내부노동시장에서는 화이트칼라의 업무도 개인의 직

무와 권한이 명확하게 한정되어 있기 때문에(松浦秀明,『米國サラリーマン事
情』, 東洋經濟新聞社, 1981), 대학전공 분야와의 관계도 명료해진다. 그래서
미국에서는 기업이 대학에 직접 찾아가서 졸업생을 채용하는 것이 기본이
다. 그 밖에 인턴십이나 산학협동교육(cooperative education; co-op)5) 등
재학 중의 직장연수 프로그램이 있는데, 이것은 보조적인 채용수단으로 활
용되고 있다. 전미대학취직협의회는 1990년에 1,571사를 대상으로 채용
활동을 조사했다(유효회수율 41.4%). 조사결과에 따르면 미국 기업들의 효
과적인 채용방법으로는 '대학 내에서의 채용활동' 87.2%, '인턴십 프로그
램' 29.6%, '기업 내 직원의 추천' 29.2%, '산학협동 교육프로그램'
28.9%, '자유응모' 24.1% 등을 들고 있다((社)日本在外企業協會,『米國大學
新卒採用環境に關する調査報告書』, 1991, p.60).

　이와 관련하여 독일의 비대학 졸업자는 앞에서 언급한 바와 같이 전문노
동자의 자격이라는 직업 자격 취득을 통하여 취직을 하지만, 독일의 대학이
발행하는 것도 기본적으로는 직업자격이다. 대학에서 취득하는 석사·박
사학위는 연구자가 되기 위한 자격을 의미하며, 국가시험은 법률, 의약, 식
품화학, 교사 등과 같은 전문직에 종사하기 위한 자격부여를 위한 수단으로
활용되고 있다. 또 대학의 디플롬(Diplom)과 전문대학의 디플롬(FH)은 자
연과학, 사회과학 관련사업 분야의 직업자격이다(吉川裕美子,『ドイツ資格社

---

5) 역자 주 : 학생의 직업진로와 관련된 OJT와 일의 경험을 교실교육과 결합시킨 방법으로
　보통 중등교육수준에서는 하루의 절반은 교실에서 수업을 듣고, 나머지 절반은 산업현장
　에서 실습하는 방식을 취한다. 산학협동교육은 학교의 지식과 산업체 현장에서의 생산적
　인 현장실습을 통합해 주는 프로그램이지만, 고용주의 이익에 의해 학생들이 실제로 산업
　현장에 기여하는 부분을 제한받고, 단순한 잡무만을 취급하는 경우는 진로목표를 분명히
　해주고, 동기를 부여한다는 산합협동교육의 장점을 살리지 못하는 경우도 있다(장원섭
　외, 1999; p.151, 「학교에서 직업세계로의 이행에 관한 연구 - 고등학교 단계를 중심
　으로」에서 발췌).

會における教育と職業』, 教育開發硏究所, 1998, pp.86~96).

이와 같은 내용을 알기 쉽게 그림을 통해 설명하면 〔그림 1-1〕과 같다. 해밀턴이 직업적 사회화를 파악하기 위해 사용한 (직업적 열망 vs 직업적 기능)×(일반적 vs 개별적)의 네 개 상자는 윈돌프와 우드가 그린 (제1차 노동시장 vs 제2차 노동시장)×(외부노동시장 vs 내부노동시장)의 노동시장 모델의 네 개의 상자 각각에 다음과 같이 연결된다.

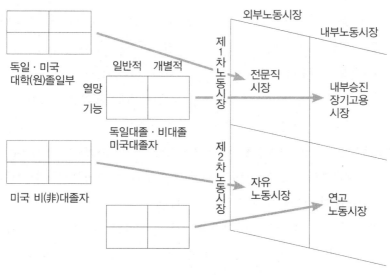

〔그림 1-1〕 직업적 사회화와 노동시장의 접속

## 2. 학교에서 직업세계로 이행의 일본적 구조와 그 변혁

### 1) 노동시장의 내부화 · 학력주의화의 일본적 구조

일본은 미국과 함께 유럽 국가보다 앞서 중등교육이 '대중진학준비교육단계'에 도달했기 때문에(「歐米の教育改革の潮流と日本の教育改革一單線型的體系化の觀点からみた試論一」, 耳塚寬明 · 樋田大二郎, 『多樣化と個性化の潮流をさぐる一高校教育改革の比較教育社會學一, 學事出版, 1996, pp.156~175), 학력주의화의 파장은 유럽의 여러 나라 보다도 이른 1960년대 중반부터 산업계에 파급되기 시작했다. 제1차 세계대전 이후부터 제철이나 조선, 중전(重電) 등의 대기업에서 앞에서 언급한 '내부승진 · 장기고용시장'의 유형이 형성되기 시작하여, 제2차 세계대전의 전시경제체제와 전후의 산업계나 노동계의 민주화 속에서 그것이 강화되었기 때문에(隅谷三喜男編著, 『日本職業訓練發展史(下)』日本勞働協會, 1971. 野口悠紀雄, 『1940年體制一さらば「戰時經濟」』, 東洋經濟新聞社, 1995), 그러한 학력주의화는 앞에서 설명한 '직업 내 학력구성의 고도화형'의 경로를 걸어왔다.

1967년에는 중학교를 졸업하고 취직한 사람보다도 고등학교를 졸업하고 취직한 사람의 수가 더 많았다. 1960년의 국민소득 증대계획은 종신고용 · 연공서열의 폐지와 직업별 노동시장의 형성을 주장했으며, 그것을 전제로 대학의 이공계학부와 고등학교 실업계열 학과의 확충을 도모했다. 이 계획에서는 고등학교의 실업계열 학과는 유럽과 동등한 수준의 기술자 양성기관으로 설정하였으나(經濟企畵廳編, 『國民所得倍增計劃』, 1961, pp.149~154), 현실사회에서의 고졸자는 그때까지 중졸자가 하고 있던 일을 대신(고용대체)할 뿐이었다(雇用管理研究會編, 『高卒現業員管理』日本實業出版者, 1969).

일본은 교육제도의 고학력화 물결이 내부노동시장을 경유해서(직업 내 학력구성고도화형) 산업계에 흘러 들어왔다. 또한 그 내부노동시장은 취직 후의 처우에 대한 기업측이 행사할 수 있는 자유재량의 폭이 상당히 크다는 점에서 '구조화되지 않은 내부노동시장'(윈돌프와 우드) 또는 '화이트칼라형 내부노동시장'(오스터만)에 포함되어 왔다고 할 수 있다.

## 2) 청소년의 직업적 사회화의 일본적 구조: 서열매김체제

1980년대까지 일본 청소년의 직업적 사회화를 해밀턴의 미국과 독일 비교를 염두에 두면서 비교해 보면 다음과 같은 특징이 드러난다.

직업적 열망(vocational aspiration) 형성의 측면에서는 세 갈래로 분류되는 전기중등학교제도에 의해 엘리트로의 전망이 단절되어 버리는 독일의 김나지움 비진학자 만큼은 아니지만, 일본의 청소년도 모의시험 등을 통해 결정되는 고등학교의 서열에 따라 중학교 시기부터 진로가 분화되기 시작한다. 이 점에 있어서는 미국의 고등학생에 비해 미래의 열망(aspiration)이 이른 시기에 현실화된다고 할 수 있다.

직업기술 학습의 측면에서는 직종별로 분화된 도제훈련을 받는 독일의 청소년에 비해 일본의 고등학교는 실업계열의 학과가 존재하기는 하지만, 그 비율이 낮으며 또한 실업계열의 학과도 전일제 과정이기 때문에 독일의 도제훈련과 같은 현장실습은 이루어지지 않고 있다. 이 점에서는 진학, 일반, 직업의 세 트랙(track)이 있다 하더라도 직업코스는 간략한 수준의 상업교육과정에 머무르고 있는 미국의 고등학교와 대동소이하다고 할 수 있다.

노동시장과의 연계측면에서는 일본의 고등학생은 학교추천제의 시스템을 경유하여 취직을 하게 된다. 기업은 구인표(구인희망)를 학교에 제출하며, 학교는 각 기업의 희망자를 내부 선발을 통하여 조정하게 된다. 이러한 내부 선발과정을 통하여 한 기업에 한 사람을 추천하며, 기업은 학교로부터의 추천을 거의 대부분 수용해왔다(1人1社制). 학생은 이러한 시스템 속에서 출석·결석 또는 학업성적이 자신이 희망하는 회사에 추천을 결정하는 중요한 기준이 된다는 점을 인식하여 자신의 성적으로 자신이 희망하는 기업에 추천을 받을 수 있을지의 여부를 사전에 어느 정도 예상할 수 있게 된다.

독일의 청소년은 자신이 받은 도제훈련의 직종에 따라 희망취직처를 예상 및 결정하게 되는 데 반해, 일본의 고등학생은 학교 서열과 학업성적에 따라 자신의 취직희망기업을 예상 및 결정하게 된다. 구체적인 직종의 전망은 취직 이후의 단계에 결정된다. 이러한 점이 독일의 도제훈련제도와 일본 고등학교의 직업적 사회화의 가장 큰 차이점이라 할 수 있겠다.

앞에서 언급한 내용을 〔그림 1-1〕의 내용에 의거하여 요약하면 다음과 같다. 일본 청소년의 직업적 사회화는 미국과 같이 '자유노동시장'에 접속하지 않고, 독일과 같이 '내부노동시장·장기고용시장'에 접속해 왔다. 내부승진·장기고용시장에서는 공석인 자리의 충원을 하위직으로부터 승진과정을 통해 보충하기 때문에 최종적으로는 기업조직에 일종의 출입구는 조직의 최하위직이 된다. 도제훈련제도가 있는 독일은 이러한 출입구가 도제훈련제도의 수료자격(전문노동자 자격)에 따라 분단되어 있지만, 일본은 학력 또는 학교격차·학업성적에 따라 취직의 분화 및 분류가 이루어진다는 점이 차이라고 할 수 있겠다.

이상은 필자가 지금까지 진행해 온 일본 고등학생의 직업적 사회화의 실증적 연구를 정리한 것인데(岩木秀夫·耳塚寛明編集·解說, 『現代のエスプリ

No. 195 : 高校生—學校格差の中で—』至文堂, 1983. および, 天野郁夫編, 『高等
學校の進路分化機能に關する硏究』トヨタ財團硏究助成報告書, 1988 참조), 4년
제 대학 졸업자, 특히 인문계열 졸업자들이 말하는 샐러리맨의 길로 한 발
내딛는 과정에도 지금까지의 설명이 적용가능하기 때문에 청소년의 직업적
사회화의 일본적 구조라고 해도 무리가 없을 것이라 생각한다.

### 3) 일본적 구조의 변혁?: 미국 청소년 도제훈련정책이 주는 시사점

앞에서도 언급한 바와 같이, 이러한 시스템은 1990년대 초반 경제호황
의 거품이 붕괴됨으로 인해 급격한 변화를 경험하게 되지만, 그 때까지는
오랜 기간 지속되어 온 경제성장의 덕택으로 청소년에게 일정부분 안정적
인 고용기회를 제공하였다. 한편, 이러한 시스템은 청소년에게 장래 자신
이 하고 싶어 하는 일을 신중하게 생각하게 하며, 아울러 그러한 고민에 기
초하여 학교나 대학을 선택할 여유도 없이 우선은 학교성적을 높이는 것에
전념하는 생활을 보낼 수밖에 없었던 점이 비판의 대상이 되어 왔다.

해밀턴식으로 표현하면 청소년을 20대 중반까지 그리고 경우에 따라서
는 그 이후까지 '혼란한 상태'로 방치하는 미국 사회보다는 학교 졸업자를
내부 승진·장기고용시장에 진입시켜 직업인 및 사회인으로서의 교육훈련
을 받도록 하는 일본의 서열매김 교육체제가 보다 인간적이라고 할 수 있
다. 하지만 직업자격별로 분류된 (기업으로의) 출입구에서부터 내부 승진·
장기고용시장으로 접속하는 독일의 도제훈련제도 또한 해밀턴이 미국과 비
교를 통하여 지적하고 있는 바와 같이, 청소년을 학교에서 직업세계로 원활
하게 이행시키는 시스템이다.

또한 기업으로 진입하는 출입구가 대학·학교 간 격차가 아닌 직업자격

에 의해 분단되어 있는 것이 청소년 및 학생의 진로선택이 학교성적이라는 일원적인 기준에 의해 지배되지 않고, 직업적 흥미, 관심이라는 다원적인 가치가 기준이 될 수 있다. 또한 기업으로의 출입구에 대한 연령제한이 느슨하며, 직업자격취득을 위한 훈련과정이 평생학습을 위해 열려 있다면 현재 일본에서 급속하게 증가하고 있는 상당수의 프리터 인구가 정규직 시장으로 재참여하는 것도 가능할 것이다. 1990년대 후반 미국에서 등장한 청소년 도제훈련제도는 해밀턴과 유사한 문제의식에 기초하여 시험적으로 도입된 청소년을 위한 실업대책이었다. 미국에서의 이러한 정책성과 및 과정은 일본에서도 충분한 시사점을 제공한다고 할 수 있겠다.

클린턴정권 발족 직후인 1993년에 민주당 정책집단 DLC(Democratic Leadership Council)의 두뇌집단인 PPI(Progressive Policy Institute)는 정권의 정책체계를 정리하여 출간하였다. 이 보고서에서는 심각한 청소년 실업에 대한 대책으로 독일이나 스위스, 오스트리아에서 오래 전부터 시행되어 온 도제훈련제도를 도입할 것을 제안하였다(アメリカ民主黨・進步的政策研究所(PPI)者, 筑紫哲也監修 『變革への提言』同文書院 インターナショナル, 1993, pp.213~217). 하지만 이러한 제안도 현실성이 결여된 한낮 꿈에 불과하였다.

일본노동연구기구의 조사보고에 의하면 미국연방정부는 1994년에 '학교에서 직업으로의 기회법(school-to-work opportunities Act)'(이하, 기회법)을 제정하여 청소년이 '고기능・고임금의 경력(career)에 연결될 수 있는 첫 일자리'를 획득할 수 있도록 각 주(州)가 다양한 형태의 교육 및 훈련 프로그램을 실시하도록 촉구하였다. 이 결과, 1990년대 중반에는 중소기업을 중심으로 도제훈련제도가 부분적으로 시행 되었다.

하지만 동시에 연방정부는 '기회법'을 제정한 1994년에 '2000년 목표법

(Goals 2000: Educate America Act)'도 제정하였다. 이 법률은 미국의 교육수준향상을 국민적 과제로 설정하고 있기 때문에 학술적인 학습과 직업교육 및 훈련통합이라는 기회법의 견해는 포함하고 있지 않으며, 위의 법에 동참한 주는 학술적 교육강화와 고등교육 진학률의 향상을 중요 목표로 설정하게 되었다. 미국 모든 주의 정책은 후자에 치우쳐 있으며, 그 결과 1997년에 이미 '기회법'의 존속이 문제시되지 않을 수 없는 상황을 초래하게 되었다(日本勞働硏究機構『アメリカの職業訓練: 公共職業訓練の國際比較硏究』資料シリーズ, 1999. No. 96, pp.35~43). 도대체 왜 청소년 도제훈련제도는 실패한 것일까.

## 3. 미국 청소년 도제훈련제도 실패의 배경

### 1) 교육훈련정책의 전환: 도제훈련에서 고등교육의 확장으로

앞에서 언급한 DLC의『변혁을 위한 제언』은 "기업경제학"을 근본이념으로서 다음의 다섯 가지 정책체계를 제시하고 있다. '첫째, 국가적 차원에서 투자에 적극적으로 참여할 것, 둘째, 재정 및 통화는 새로운 관리체제……, 셋째, 경쟁을 촉진하여 시장을 자유화할 것……, 넷째, 미국의 노동자와 기업의 새로운 계약관계 수립……, 다섯째, 자유로운 세계무역……' 이러한 정책체계는 미국 제조업의 국제경쟁력 회복, 다시 말해서 미국 국민경제의 재건이 최우선 과제였다는 점을 말해 주고 있다(アメリカ民主黨・進步的政策硏究所(PPI), 前揭書, pp.30~32). 청소년 도제훈련정책도 청소년 실업정책의 핵심적 요소이며 미국 산업의 경쟁력회복의 일환으로 도입된 것이라고 할 수 있다.

그런데 클린턴정권에서 노동부장관을 역임한 하버드 대학의 정치경제학자 라이히(Reich, R. B.)는 미국에서 베스트셀러가 된 책 『*The Work of Nations: Preparing Ourselves for 21st Century Capitalism*』에서 민주당 정책집단의 정책이념을 정면으로 부정했다. 그에 따르면, 현대 미국의 경제는 재화나 서비스가 전세계적 차원에서 제공되는 다국적기업에 의해 지탱되고 있으며, 그렇게 생산된 재화나 서비스가 미국 국내의 소비자를 넘어 전세계적 차원의 경제로 변화하고 있다. 그럼에도 불구하고 정부나 경제학자들은 여전히 국민경제라는 개념에 사로잡혀 무역흑자를 논하는 것은 시대적 흐름을 제대로 파악하지 못하는 발상이다.

라이히는 글로벌 웹(global web) 경제시대에 등장하는 농민, 광업분야 종사자, 공무원 · 교원 이외의 직종을 크게 ① '단순반복생산작업직종'(블루칼라, 정보산업 데이터 처리작업자 등), ② '대인서비스직종'(점원, 판매원, 간병인, 비서, 경비 등), ③ '상징분석서비스직종'(데이터 · 언어 · 음성 · 영상분석을 통한 문제발견 · 해결 · 전략작성 등의 활동을 실시하는 연구자, 과학자, 설계 및 건축기술자, 소프트웨어 기술자, 생물공학자, 투자자, 법률가, 회계사, 각종 컨설턴트, 각종 예술가 등)의 세 가지 종류로 분류한다. ①과 ②는 생산과 소비가 국내에서 이루어지는 경제에 속하며, ③은 생산과 소비가 세계적 차원으로 전개되는 경제에 속한다고 한다(라이히, 전게서, pp.240~254).

라이히에 따르면 상징분석가 양성에 적합한 창조적인 고등교육과 연구소 같은 교류의 장을 확보하고 있는 것이 미국의 경쟁력의 근원이다. 생산과정을 자동화함으로써 종래의 단순반복 생산작업은 상징분석 서비스직으로 변모하며, 단순작업 자체는 개발도상국에 이전하는 것이 가능하기 때문에 취업인구의 과반수를 상징분석가로 전환시키는 것도 불가능한 것은 아니다(라이히, 전게서, p.342).

　따라서 향후 미국은 누진과세제도를 철폐함으로써 상징분석가와 그 밖의
직업종사자 간 소득격차를 억제함과 동시에 교육훈련을 충실히 하여 모든
미국인이 상징분석가가 될 수 있는 평등한 교육기회를 제공하여야 한다는
것이 그의 주장이다.

## 2) 노동시장 · 인사관리의 변화: 인원삭감, '혼자 승리하는 사회'

　라이히의 이러한 주장이 주목을 끌게 된 것은 미국 사회에서 학력주의 경
쟁이 이전과 비교할 수 없을 만큼 심각해지고 있던 시기였다. 앞에서도 살펴
본 바와 같이, 미국에서는 1920년대부터 내부노동시장이 형성되기 시작하
여 전시(戰時) 경제상황 속에서 한층 더 가속화되었고, 제2차 세계대전 이
후인 1950, 1960년대에는 전사회적으로 보급되었다. 고든(Gordon, D.
M.)에 따르면 이러한 결과로서 성장한 고학력 기업관료층은 1980년대 후
반에는 기업조직의 문제점으로 여겨져 인원삭감(downsizing)의 표적이 되
었다. 그러나 인원삭감은 노동조합을 약화시켜 블루칼라층과 하급 화이트
칼라층으로부터 안정적인 고용을 박탈하는 정도에 그치게 되었다. 오히려
상급 화이트칼라인 관리 · 감독자의 비율을 증가시켰다. 관리 · 감독자는 실
업 이후에도 동일한 직업으로 재취업하는 경우가 많았으며, 결국 그들에게
는 전문직으로서의 수평적 노동시장이 형성되었다. 이러한 결과, 1990년
대에 들어서 대학원 졸업자의 전문직과 그 밖의 직업간 학력별 임금격차는
급격하게 증가하여, 대학졸업 남성 노동자조차도 실질임금이 저하되었다
(M. Gordon 著, 佐藤良一・芳賀健一譯, 『分斷されたアメリカ: 「ダウンサイジン
グ」の神話』, シュプリンガー・フェアラーク 東京, 1998).
　이러한 사태를 배경으로 프랭크와 쿡(Frank, R & Cook, P. J.)은 미국에

서는 1990년대에 들어서 고등학생, 대학생, 기업, 대학교수가 아이비리그
의 명문대학, 대학원을 목표로 펼치는 학력획득 경쟁이 이전에는 볼 수 없
었을 만큼 노골적이며 치열했다고 한다(R.H. Frank & P.J.Cook 著, 香西泰
監. 譯『ウイナー・テイク・オール(Winner Take All) : 「ひとり勝」社會の到來』,
日本經濟新聞社, 1998).

즉, 미국에서는 '내부 승진·장기고용시장'이 붕괴하여 소수의 '전문직시
장'과 거대한 '자유노동시장'으로 분해되기 시작하자마자, 몇몇 경영학대학
원이나 법대과대학원을 졸업한 기술자 또는 경영관리자의 '혼자 승리하는
사회'가 형성되었다는 점이다. 이러한 몇몇 '승리한 집단'은 라이히가 말하
는 상징분석적 직업의 종사자이기도 하다. 이러한 심각한 학력경쟁의 실체
가 존재했다면 1990년대 초반~중반에 DLC의 PPI나, 일부 지방교육 당
국자, 중소기업가 등이 청소년 실업대책이나 제조업의 경쟁력 회복대책으
로 실시한 청소년 도제훈련정책이 실패한 것도 어쩌면 당연한지도 모른다.

## 3) 전문직주의(professionalism)의 문화적 전통

자코비에 따르면 앞에서 살펴본 노동시장의 내부화는 고용주, 중간계급
출신의 개혁가, 노동조합, 노동자, 국가 등의 다양한 대립과 경쟁의 소산이
다. 그러한 정치역학적 관계를 판단하는 실마리로서 자코비는 ① 결정적 사
건(노동조합운동의 발생, 대량생산에 따른 기술과 조직변화, 기업 내의 인
사관리기능의 발전 등)의 타이밍, ② 국민경제와 국민교육 국가관여, ③ 기
본적인 인간관계를 형성하는 문화적 전통의 세 가지를 들고 있다(자코비, 전
게서, pp.1~25). 여기에서는 ②와 ③의 시점을 통합하여 노동시장을 구성
하는 모든 주체의 사회관계를 국가적 차원에서 통제하는 지배적 이데올로

기의 문제에 초점을 맞추고자 한다.

독일의 도제훈련제도는 개별기업이 참가하여 구성된 초기의 업적단체이며, 수공업회의소나 상공업회의소에 의해 유지되고 있다. 이러한 제도는 정부와의 연계를 통하여 현장훈련의 기간·내용·지도원·훈련기간 중의 임금 등을 결정하여 개별기업의 준수 여부를 감시한다. 아울러 수료시험을 주체적으로 운영하기도 하며, 도제훈련직종의 선택을 둘러싼 진로상담이나 그 이후 계속학습의 상담활동을 하기도 한다.

청소년의 교육훈련제도에 대한 수공업회의소나 상공업회의소의 이러한 다양한 활동은 독일에서는 '사회적 시장경제'의 일환으로 이루어지는 것으로, 독일경제에 필수불가결한 매우 중요하며 정당한 활동으로 자리매김해 왔다(「ドイツ二元型職業教育訓練制度の現狀とその動向－徒弟訓練の構造と機能 (2)－」『日本女子大學紀要人間社會學部 第9号』, 1999, pp.259~282).

'사회적 시장경제'란 기업의 자유로운 자본주의적 경제활동을 독일 국민 전체의 복지를 위하여 도움이 될 수 있도록 하기 위해서 노동조합을 비롯한 당사자 단체가 적극적으로 관여, 규제해야 한다고 하는 정치경제사상이다. '기독교적 책임을 동반한 자유', '공동체적 자유' 또는 '자유, 공정, 연대', '자유, 공평, 사회적' 같은 이념적 강조점 가운데 일부 차이점이 존재하기는 하지만, 독일의 2대 정당인 기독교민주당과 사회민주당이 계속적으로 유지해 온 정치이념이다(田中洋子, 『資本主義的利潤追求を目的としない』, 社會－ドイツにみる企業の『社會的(social)』な位置－, 西村祐通·竹中惠美子·中西洋編著, 『個人と共同體の社會科學－近代における社會と人間－』, ミネルヴァ書房, 1996, pp.237~260).

실은 미국에서의 내부노동시장 형성은 독일의 '사회적 시장경제'와 유사한 노사협의사상을 지닌 인사관리자 계층의 성장산물이라는 측면을 가지고 있다. 자코비에 따르면 인사부가 있는 기업의 비율은 34%(1929년), 46%(1935~1936년), 61%(1946~1948년), 81%(1957~1963년)로 증가하였으며, 이러한 증가와 아울러 종업원의 규칙표나 승진표, 인사고과, 직무평가, 선임권제도 등의 정비가 이루어졌다. 예를 들어, 선임권제도가 있는 기업의 비율은 50%(1939~40년), 83%(1946~48년)였다(자코비, 전게서, p.275).

그에 따르면 테일러(Taylor, F. W.)로 대표되는 초기의 능률주의자들은 직무의 표준화, 작업시간의 측정, 원가계산 등의 공장관리기법이 개발은 노동조합의 책임자인 숙련공 직장(職長)으로부터 공장의 지배권을 박탈하여 자본가에 의한 권위주의적 관리의 확립에 기여하였다. 이에 대하여 전문경영자층은 복리후생이나 직장적응, 직무만족 등 전문지식의 응용을 통하여 테일러주의의 권위주의적 경험을 가져다 준 계급적 대립을 과학적으로 중재하는 중립적 사회집단으로서의 태도를 취함으로써 변호사나 의사와 같은 고전적 전문직과 동등한 사회적 지위를 확립하였다(자코비, 전게서, pp.163~169).

자코비는 이러한 중립적 태도가 1980년대 중반의 시점에서는 그 자취를 감추고 '전문직업주의는 회사위계체제 속에서 보다 높은 급료와 보다 큰 명성을 확립하기 위한 작업'이라는 점을 지적하고 있다(자코비, 전게서, p.318).

그러나 그것은 오히려 제1차 세계대전 이후에 일어난 격렬한 노동운동이나 사회주의사상과의 대립과 긴장, 국가의 운명을 건 총력전이라는 환경적 요인의 소멸의 산물이며, 전문직주의가 가지고 있는 학문만능주의 자체에는 별다른 변화가 없었다는 점을 생각해 볼 수 있겠다.

앞에서 소개한 독일의 '사회적 시장경제' 사상에서 분쟁, 갈등방지 및 해

결의 주역은 이해당사자 간의 교섭과 협약이다. 이에 대하여 미국 전문경영
자층의 전문직주의는 자기의 학문체계가 분쟁과 갈등의 방지와 해결주역이
라는 신념에 입각하고 있다. 독일의 도제훈련제도를 지탱하는 '사회적 시장
경제' 사상과 비교하면, 미국의 전문직주의 사상(professionalism ideology)
의 특이성이 두드러진다.

 이렇게 생각해 보면 앞에서도 살펴본 바와 같이 1990년대 이후의 상징
분석가(symbolic analyst)에 의한 '혼자 승리하는 사회'는 소련의 붕괴 이후
민주주의와 시장원리를 주창해 온 미국이 패권을 쥔 가운데 나타난 전문직
주의의 새로운 모습일 것이다. 라이히가 미국의 고등교육의 확고한 신뢰는
전문직주의를 전통적으로 지지해 온 전문학문의 만능주의를 계승하고 있
다.

 예를 들면, 스미스가 묘사한 바와 같이(ヘドリック・スミス 著, 櫻井元雄
譯, 『アメリカ自己變革への挑戰－21世紀へのシナリオ－』, 角川書店, 1996,
pp.234~255), 1990년대 중반에 청소년 도제훈련의 제도화를 위해 부단한
노력을 기울여 온 선구적 중소기업가나 교육당국자가 가령 독일의 '사회적
시장경제' 이념과 유사한 사상을 가지고 있다고 하더라도 그것이 미국 사회
에 폭넓게 수용된 윤리적 기반은 존재하지 않았던 것이다. 이 점에서도 미국
의 청소년 도제훈련정책은 실패할 운명에 있었다고도 할 수 있다.


## 4. 결 론

 앞에서도 소개한 바와 같이 현재 인턴십은 일본의 중요한 국가정책의 하
나로 추진되고 있다. 문부성은 '교육내용과 방법의 개선에 만전을 기함과

동시에 창조적 인재의 육성 및 학생의 자립심 육성의 관점에서도 커다란 의의를 가지고 있다'고 하는 관점에서, 그리고 통상산업성은 '신규산업의 창출을 통한 경제구조개혁'을 추진하는 '산학연계에 의한 인재육성'이라는 관점에서, 노동성은 '청소년의 직업의식을 육성하여 적절한 직업선택을 추진하기 위한 대책'으로서 각각 인턴십에 큰 기대를 걸고 있다(文部省高等教育局, 『大學と學生 : 特集−インターンシップ−』, 通卷413号, 1999, p.39, 50, 53). 그러나 일부 실제경험을 통해 판단해 보건대 통산산업성이나 문부성의 기대와 노동성의 기대는 서로 공존하기 곤란한 구조를 가지고 있는 것으로 여겨진다.

앞에서 소개한 문부성의 보고서에는 5개의 현장기록이 소개되어 있다. 이러한 것은 모두 산학연계에 의한 교육개혁의 열의에 불타는 교원들이 열심히 노력하고 있으며, 그 나름대로의 성과를 거두고 있으나, 기업측의 협력을 얻기 힘들다는 공통된 고민을 안고 있다(文部省 高等教育局, 前揭書, pp.12~31). 이러한 상황은 사전에 충분히 예견된 것이다. 대학측이 교육내용의 질적 향상을 목표로 인턴십에 힘을 기울이며, 유력대학으로 살아남기 위해 그리고 기업은 그러한 여러 대학 가운데 우수한 학생을 선발하기 위하여 예전부터 고착되어 온 유력한 수단(회사안내책자의 선별적 발송이나 인재소개회사를 통한 선별적 분류, 내정학생의 구속 등)의 적용이 더욱 더 용이해지기 때문이다.

이 보고서에는 위의 상황을 명확하게 보여 주는 내용들이 실려 있다. 그것이 바로 취직문제 간담회가 1999년 7월에 전국의 국·공·사립대학, 전문대학, 고등전문학교 1,235개교를 대상으로 실시한 '취직·채용활동에 관한 설문조사 결과'이다(응답교 1,087교, 응답률 88.0%). 그 가운데는 '인재소개회사에 의한 특정학교를 대상으로 한 채용활동'이 '이전과 비교하여 그

다지 변화가 없다'라는 응답이 68.0%, '채용의 사전내정시기'가 '빨라졌다'
는 응답이 45.5%, '학생의 자유로운 취직활동을 방해하는 구속'이 '작년에
도 존재했으며, 올해도 작년과 비교해서 큰 변화가 없다'고 응답한 비율이
52.3%였다(文部省高等教育局, 前揭書, pp.57~63).

　실제상황으로부터 확인할 수 있는 이러한 미묘한 모순은 앞에서 소개한
미국의 청소년 도제훈련제도의 실체와 비교해 보았을 때, 그 차이를 알기
쉽게 확대할 수 있다. 가령 노동성의 기대를 LDC가 주창한 청소년 도제훈
련정책에, 통상산업성의 기대나 문부성의 기대를 라이히의 고등교육확장
정책에 덧씌워 볼 수 있겠다. 이와 같은 내용을 정리하여 생각해 보았을 때,
일본의 일련의 정책은 미국정책의 과정을 답습하는 경로를 걷게 될 것이 명
확해진다.

　현재 일본에 독일의 '사회적 시장경제' 사상에 해당하는 사회경제사상,
또한 그것을 추진하는 수공업회의소나 상공업회의소와 같은 강력한 사회집
단을 찾아보기 힘든 것은 미국의 청소년 도제훈련 프로그램의 경우와 마찬
가지이다. 즉, 노동시장정책으로서 인턴십도 비(非)엘리트를 포함하는 직
업별 노동시장의 형성과 연계되지 못하며, 개별기업과 개별대학의 생존경
쟁 속의 서열매김 교육체제의 재편·고도화의 방향으로 진행될 것으로 예
상된다.

　거품경제의 붕괴 이후 신규학교졸업자시장의 위축과 맞물려 인턴십은 청
소년 노동시장을 내부노동시장과 자유노동시장의 극단적 형태로 이분화시
킬 것이다. 반면, 대학서열이 대학을 한정토록 한다는 의미에서는 서열매
김 교육체제의 붕괴를 의미한다. 그러나 다른 한편으로 그 밖의 다수의 청
소년들이 불완전한 취업과 실업 가운데서 끝없이 방황하는 자유로운 인생
을 얻게 됨을 의미한다.

# 변화하는 청소년 노동시장

**청**소년 실업자가 증가하고 있다. 15~19세 층에서 완전실업률은 12%를 넘어섰다. 완전실업자란 현재 직장이 없이, 직장을 구하고 있는 자 중에서 일자리만 있다면 바로 취직할 수 있는 자를 말한다. 직장을 구하고 있음에도 마땅히 취업하지 못하는 청소년들이 늘고 있다.

학교졸업 후의 무업자도 대폭 증가했다. 학교졸업 후 무업자란 문부성 통계상의 용어에서 나온 말로 학교를 졸업하고도 취직도, 진학도 하지 않은 자를 말한다. 이들의 수는 2003년 3월 졸업자 가운데 고등학교, 전문대학, 4년제 대학을 포함하여 28만 명에 달한다.

그리고 프리터라는 용어의 정의를 내리기가가 쉽지 않다. 학생도 주부도 아닌 파트타임이나 아르바이트로 일하는 청소년이라는 해석이 많다. 이들도 급격하게 증가하고 있는 추세를 보이고 있다.

기타 다양한 통계의 수치들은 1990년대 초반의 불황 이후로 청소년의 취업상황이 큰 폭으로 변하고 있음을 말해 주고 있다. 무엇이 어떻게 바뀌었는지 통계를 기초로 살펴본다.

## 1. 청소년 노동시장의 개요

노동시장이란 생산요소로서의 노동서비스를 다루는 시장을 말한다. 바꾸어 말하면 직업을 구하려고 하는 자(구직자)와 채용하려는 측(구인자)의 만남의 장이다.

이 장에서는 청소년 노동시장의 최근(주로 1990년 이후) 변화와 그 배경을 정리하고자 하며, 여기서 청소년이란 15~29세의 연령층을 가리키는 것으로 한다. 청소년의 연령을 24세 이하로 설정하고 있는 문헌도 적지 않으나 최근의 『노동백서』 등에서는 18~29세의 범위로 정하는 일이 많으며, 또한 최근의 만혼화나 부모의존기간의 장기화 경향을 감안할 때, 20대 전체를 시야에 넣어 논의하는 편이 바람직하다고 생각되기 때문이다.

그리고 노동시장으로서는 신규 졸업자를 주된 대상으로 하는 노동시장을 중심으로 다룬다. 일본에서는 신규 졸업자를 대상으로 한 구인활동은 일반 구인활동과는 별도로 취급되어, 별도의 노동시장을 형성해 왔으며, 그것은 일본형이라는 장기고용의 입구로서 특별한 의미를 가져왔다. 신규졸업자 노동시장은 청소년 노동문제를 고찰함에 있어 가장 중요한 시장이라 할 수 있기 때문이다.

그럼 먼저 청소년 노동시장을 살펴보자. 직장이 있거나, 취업을 희망하는 자의 수, 즉 노동력인구를 '노동력조사'(총무청)를 통해 파악해 보면((표 2-1)), 15~19세층은 1996년까지 증가하여 1,639만 명에 달하며, 그 이

후로 감소현상이 나타나면서 2003년에는 1,441만 명으로 줄었다. 연령층
을 세분화해서 살펴보면, 15∼19세에서는 일관되게 감소하였고, 20∼24
세에서는 1994년을 정점으로 감소했으나, 25∼29세는 일관되게 증가했
다. 18세 인구가 1992년을 기점으로 감소하고 있는 점과 고등교육 진학률
이 상승세를 타고 있기 때문에 노동시장의 진출연령이 지연되고 있는 점이
보다 큰 청소년층의 감소 이유라 하겠다. 한편, 결혼연령의 지연, 출산시기
의 지연 등과 아울러 20대 후반 여성의 노동력 비율이 높아지고 있으며, 특
히 20대 후반의 노동력인구가 지속적으로 증가하고 있다. 하지만, 앞으로
는 20대 후반의 노동력인구도 감소추세로 전환되어 10년 후에는 1,231만
명까지 줄어들 것으로 예측되고 있다.6)

　노동력의 학력구성에서는 대졸, 전문대학, 전문학교 졸업자의 증가율이
두드러진다. 신규학교졸업자의 학력구성을 살펴보면 2003년 3월 졸업에
서는 전문학교 졸업자를 포함한 고졸자수가 전체의 3/4을 차지한다(文部
省, 「學校基本調査」). 청소년  노동력의 연령이나 학력분포는 최근 10년 동
안에 큰 변화를 겪었다. 청소년층과 저학력자층의 숫자가 감소하기 시작했
으며, 2010년에는 이전에 비해 고학력자와 성인층의 숫자도 감소하여
1,200만 명 수준까지 감소할 것으로 예상된다.

　청소년 노동력인구가 감소하는 한편, 완전실업률은 큰 폭으로 상승하고
있다(〔표 2-1〕). 현재의 실업상황은 최악의 수준이며, 특히 청소년 실업률
의 상승이 두드러진다. 청소년기는 이른바 '시행착오(trial and error)'라고
할 수 있을 만큼 전직(轉職)과 이직(離職)이 빈번해 다른 연령층에 비해 상
대적으로 실업률은 높으나, 최근에는 그 정도가 급격히 상승하고 있다. 특
히 15∼19세 남성층의 실업률은 15%에 달하고 있다. 또한 1990년대 후

---

6) 고용정책연구회, 「노동력수요의 예측」에서 발췌.

[표 2-1] 청소년 노동력인구와 실업률, 파트타임, 아르바이트 비율의 추이

(단위: 만명, %)

**① 노동력인구 / ② 완전실업률**

| | 성별 연령계 | 남녀 계 15~29세 | 15~19세 | 20~24세 | 25~29세 | 남 15~19세 | 20~24세 | 25~29세 | 여 15~19세 | 20~24세 | 25~29세 |
|---|---|---|---|---|---|---|---|---|---|---|---|
| **① 노동력인구** | | | | | | | | | | | |
| 1990 | 6,384 | 1,475 | 181 | 653 | 641 | 94 | 327 | 396 | 87 | 326 | 245 |
| 1992 | 6,578 | 1,552 | 179 | 716 | 657 | 96 | 363 | 399 | 83 | 353 | 258 |
| 1994 | 6,645 | 1,599 | 159 | 741 | 699 | 84 | 381 | 421 | 74 | 360 | 278 |
| 1996 | 6,711 | 1,639 | 144 | 734 | 761 | 78 | 378 | 454 | 66 | 355 | 307 |
| 1998 | 6,793 | 1,631 | 141 | 688 | 802 | 75 | 354 | 472 | 66 | 334 | 330 |
| 2000 | 6,766 | 1,588 | 132 | 629 | 827 | 71 | 322 | 485 | 61 | 307 | 342 |
| 2002 | 6,689 | 1,488 | 125 | 571 | 792 | 66 | 294 | 456 | 59 | 276 | 336 |
| 2003 | 6,666 | 1,441 | 118 | 552 | 771 | 60 | 286 | 440 | 57 | 267 | 331 |
| ④2010(추계) | 6,736 | 1,231 | 112 | 490 | 629 | 63 | 256 | 369 | 49 | 234 | 260 |
| **② 완전실업률** | | | | | | | | | | | |
| 1990 | 2.1 | 3.6 | 6.6 | 3.7 | 2.7 | 7.4 | 3.7 | 2.0 | 5.7 | 3.7 | 3.7 |
| 1992 | 2.2 | 3.8 | 6.7 | 3.9 | 2.9 | 7.3 | 3.9 | 2.3 | 6.0 | 3.7 | 3.5 |
| 1994 | 2.9 | 4.8 | 7.5 | 5.0 | 4.0 | 8.3 | 5.0 | 3.1 | 6.8 | 5.0 | 5.4 |
| 1996 | 3.4 | 5.7 | 9.0 | 6.1 | 4.6 | 10.3 | 6.1 | 4.0 | 9.1 | 6.2 | 5.5 |
| 1998 | 4.1 | 6.7 | 10.6 | 7.1 | 5.6 | 12.0 | 7.3 | 4.9 | 9.1 | 6.9 | 6.7 |
| 2000 | 4.7 | 7.6 | 12.1 | 8.6 | 6.2 | 14.1 | 9.6 | 5.8 | 9.8 | 7.5 | 6.7 |
| 2002 | 5.4 | 8.4 | 12.8 | 9.3 | 7.1 | 15.2 | 10.5 | 6.8 | 10.2 | 8.3 | 7.7 |
| 2003 | 5.3 | 8.5 | 11.9 | 9.8 | 7.0 | 13.3 | 11.2 | 7.0 | 10.5 | 8.2 | 6.9 |

**③ 아르바이트 비율**

| | 성별 연령계 | 남녀 계 15~24세 (재학중인 자 제외) | 25~34세 | 남 15~24세 (재학중인 자 제외) | 25~34세 | 여 15~24세 (재학중인 자 제외) | 25~34세 |
|---|---|---|---|---|---|---|---|
| 1990 | 16.2 | 8.0 | 9.5 | 6.0 | 2.0 | 9.8 | 23.9 |
| 1992 | 16.7 | 7.9 | 10.1 | 6.9 | 1.9 | 9.2 | 24.9 |
| 1994 | 16.7 | 8.9 | 9.7 | 6.5 | 2.0 | 11.2 | 23.2 |
| 1996 | 17.9 | 12.0 | 10.4 | 8.7 | 2.6 | 15.8 | 23.4 |
| 1998 | 19.8 | 16.1 | 11.6 | 13.1 | 3.1 | 19.1 | 24.7 |
| 2000 | 21.9 | 20.6 | 12.6 | 18.0 | 4.1 | 23.0 | 26.2 |
| 2002 | 20.9 | 23.1 | 12.5 | 20.0 | 5.0 | 26.3 | 23.5 |
| 2004 | 22.0 | 25.2 | 14.5 | 20.5 | 5.4 | 29.7 | 27.5 |

주: ②는 완전실업자/노동력인구. ③은 비농림업 고용자수(인원 셰어)를 100으로 표기

자료: ① 및 ②는 총무청 「노동력조사」, 2001년. ③ 총무청 「노동력특별조사보고」, 2001년 2월. 단 2002년 이후는 「노동력조사상세집계 1~3월」, ④ 노동성 직업안정국 「고용보고서 2000」, 2000년

〔표 2-2〕 연령, 학력 및 성별 실업률 (단위: 만명, 굵은 글자는 %)

| | 남녀 계 | | | 남성 | | | 여성 | | | |
|---|---|---|---|---|---|---|---|---|---|---|
| | 취업자수 | 완전실업자수 | **완전실업률** | 취업자수 | 완전실업자수 | **완전실업률** | 취업자수 | 완전실업자수 | **완전실업률** | (이중배우자있음) |
| 연령학력계 | 6,103 | 343 | **5.3** | 3,597 | 211 | **5.5** | 2,506 | 132 | **5.0** | 7.7 |
| 중학·고교 | 3,805 | 243 | **6.0** | 2,214 | 154 | **6.5** | 1,591 | 89 | **5.3** | 9.1 |
| 단기대·고등전문 | 948 | 50 | **5.0** | 327 | 19 | **5.5** | 621 | 31 | **4.8** | 6.2 |
| 대학·대학원 | 1,350 | 50 | **3.6** | 1,056 | 37 | **3.4** | 294 | 12 | **3.9** | 5.3 |
| 15~24세 (학교재학중인자) | 447 | 65 | **12.0** | 239 | 38 | **13.7** | 237 | 27 | **10.2** | 10.4 |
| 중학·고교 | 288 | 46 | **13.8** | 166 | 29 | **14.9** | 123 | 18 | **12.8** | 13.1 |
| 단기대·고등전문 | 120 | 11 | **8.4** | 36 | 4 | **10.0** | 84 | 6 | **6.7** | 7.0 |
| 대학·대학원 | 69 | 8 | **10.4** | 38 | 6 | **13.6** | 31 | 3 | **8.8** | 9.1 |
| 25~34세 (학교재학중인자) | 1,404 | 94 | **6.3** | 837 | 53 | **6.0** | 568 | 42 | **6.9** | 7.8 |
| 중학·고교 | 661 | 55 | **7.7** | 421 | 33 | **7.3** | 240 | 22 | **8.4** | 11.1 |
| 단기대·고등전문 | 338 | 21 | **5.8** | 123 | 7 | **5.4** | 215 | 14 | **6.1** | 6.8 |
| 대학·대학원 | 405 | 18 | **4.3** | 293 | 12 | **3.9** | 113 | 6 | **5.0** | 4.9 |

주: 완전실업률 = 완전실업자수 / 취업자수 + 완전실업자수
자료: 총무성, 『노동력조사·상세집계』, 2003년 평균

반 이후, 10대 및 20대 전반에 걸쳐 여성보다 남성의 실업률이 높은 것도 큰 특징으로 들 수 있다.

학력별 실업률은 '노동력조사·상세조사'를 통해 확인할 수 있다.7) 〔표 2-2〕에서 제시하고 있는 바와 같이, 연령통계에서는 학력이 낮을수록 실업률이 높다. 다만 15~24세층에서는 대학·대학원 졸업자의 완전실업률이 남성은 13.6%, 여성은 8.8%로 전문대·고등전문학교보다 높다.

한편, 25~34세에서는 대학·대학원 졸업자의 완전실업률이 감소하고 있으며, 연령별 합계와 비슷한 경향을 보이고 있다.

15~24세층에 가운데 대졸자는 졸업 후 1~2년차의 자들로서 이들 사

---

7) 실업률은 학력별 실업자수/실업자+취업자로 계산.

이에서 최근의 취업난의 영향이 두드러지게 나타나고 있다. 20대 후반 이후에는 대학·대학원 졸업자의 실업률이 크게 저하되고 있다. 고학력자의 취업기회가 많다고 할 수 있다.

결국, 졸업 직후는 고학력자라고 하더라도 실업률이 높지만, 20대 후반까지 고려하면 보다 젊은층, 저학력자층의 실업률이 높다. 이처럼 노동력인구가 최근에 감소하고 있는 사실은 앞에서 지적한 바와 같이 노동력인구가 많이 분포되어 있는 연령층이나 학력층에서 실업률이 높다는 것은 노동력의 공급과잉으로 인하여 실업이 증가하고 있다고 볼 수 있겠으나, 상황은 그 반대라고 할 수 있다. 오히려 학력이 낮으며, 청소년층의 노동력 수요가 감소하여, 이들의 노동시장에서의 낮은 평가가 고등교육 진학률의 상승에 박차를 가하고 있다는 주장이 설득력을 지닌다.

노동력인구와 실업률이라는 노동시장의 상황을 나타내는 가장 기본적인 정보를 살펴보았다. 하지만 여기서 덧붙여 고용형태의 변화를 언급하고자 한다. 일본에서는 취업자가 차지하는 고용자의 비율은 일관되게 증가하였다. 그 중에서 1990년대의 큰 특징은 고용자 중에서 차지하는 정규직 직원의 비율이 저하되었다는 사실이다. 정규직 직원 이외의 고용형태, 이른바 계약제 직원, 아르바이트, 파견사원, 촉탁사원 등의 고용형태로 근무하는 자의 비율은 1990년의 19.1%에서 2004년의 31.5%로 매년 증가해왔다 (總務廳,「勞動力調査特別調査報告」, 1990年 2月 及び「勞動力調査·詳細集計」, 2004). 그 중에서 가장 큰 비율을 차지하는 것은 시간제 사원이며, 이 시간제 사원시장의 확대는 최근의 중요한 변화이다.

비정규직 고용의 확대는 기업의 고용관리 변화의 양상을 나타내는 것이다. 예를 들어, 일경련(日経連)은 일본적 경영의 나아갈 방향으로 종래의 장기 고용형태의 정규직 사원과 더불어 단기형 고용형태인 비정규직 사원을 활용하는 방향을 『새로운 시대의 일본적 경영』(1995)에서 제시하고 있다. 고용의 포트폴리오라는 발상으로, '장기축적능력 활용형', '고도전문지식 활용형', '고용유연형'이라는 세 가지 고용형태로 분류하여, 이 고용형태의 조합은 각 기업이 나름대로 최적의 고용형태를 모색하고자 여러 가지 연구들을 진행해 왔다. 하지만 여기에서 언급하는 '장기 축적능력 활용형'이란 신규 학교졸업자 채용에서 장기간에 걸쳐 동일기업에서 근무하는 형태로 기존의 일본형의 고용관행에 대응하는 것이다. 이에 대해 '고도전문지식 활용형'은 높은 기술을 가진 자를 연봉제 등을 통하여 단기간의 계약으로 고용하는 형태이며, '고용유연형'이란 시간제취업 등 비교적 높은 기술을 요구하지 않는 직업에 종사하며 일시적으로 고용하는 형태이다. 오늘날처럼 경제상황의 변화 주기가 짧고 파장이 큰 사회에서 경제활동을 지속하기 위해서는 고용에도 일정범위의 유동성이 필요하다. 각 기업은 이 점을 고려한 고용관리를 추진하고 있다. 현재 진행되고 있는 비정규고용자의 확대는 이러한 기본적인 사고방식의 변화가 투영된 것이라 할 수 있다.

여기에 시간제 취업자의 비율을 연령계층별로 살펴보면([표 2-1]), 15~24세(재학생 제외)에서는 남성층에서 1990년의 6.0%에서 2004년의 20.5%로, 여성층에서 9.8%에서 29.7%로, 양쪽 모두 큰 폭으로 증가하고 있다. 더욱이 25~34세에서 남성층이 2.0%에서 5.4%, 여성층이 23.9%에서 27.5%로 각각 증가하였지만, 증가폭은 그다지 크지 않다. 원래 시간제 취업의 비율은 35세 이상의 여성층에서 높으며, 이 연령층에서는 40~50% 정도를 차지하고 있으나, 여기에 25세 미만의 남녀가 더하여지는 형태로 비정규고용자가 증가하고 있는 것이다. 청소년 노동시장의 문제에서는 시간제 취업·아르바이트 등 비정규고용의 확대에 유의할 필요가 있다. 이러한 비정규고용의 비율은 청소년 중에서도 여성층에서 높다. 앞에서 언급한 실업률에서는 남자 청소년의 수치가 높았으나, 여자 청소년층에서는 비정규고용형태로 취업하는 경우가 많아 실업률이 낮게 산정되어 있다.

청소년 노동력이 감소기에 접어든 가운데, 취직을 하지 못하는 청소년이나 단시간 또는 단기간 형태의 직업에 종사하는 청소년이 증가하고 있다. 이러한 현상을 어떻게 이해해야 할 것인가.

## 2. 신규졸업자 노동시장의 변화

여기에서는 신규졸업자들을 주목하면서 노동시장의 변화를 보다 자세하게 살펴보고자 한다. 신규졸업자 노동시장에 주목하는 이유는 학교를 갓 졸업한 이들에게는 일반노동시장에서의 구인과는 별도로 상당히 유리한 취업 기회가 주어지며, 나아가 학교를 졸업함과 동시에 정규직 직원으로 채용되는 것이 전형적인 일본형 고용관행이다. 또한 여기에서는 주로 신규 고등학교 졸업자를 중심으로 살펴보고자 한다. 1990년대까지는 학교를 졸업한 청소년들의 과반수가 고등학교 졸업자들이었으며, 앞에서도 살펴본 바와 같이 현재의 노동시장 변화는 청소년층과 저학력자층에서 두드러지게 나타나고 있기 때문이다.

신규고등학교 졸업자와 중학교 졸업자나 공공취업안정기관에서 구인과 구직을 파악하고 있기 때문에 다음의 통계자료(勞働省 職業安定局編, 『新規學卒者の勞働市場』及び 『高校・中學卒業者の就職內定狀況等』)를 통해 노동시장의 상황을 살펴볼 수 있다. 먼저 구인수는 1992년에 167만 명을 기록한 이후 대폭 감소하여, 2003년에는 22만 명으로 1/8까지 급격하게 감소했다. 구직자수도 2003년 3월 졸업자 가운데 17만 명으로 1992년 50만 명의 1/3 수준 이하로 줄어들었다. 이러한 결과, 구직자 1명의 구인비율(구인배율)은 3.34배에서 1.27배로 저하되었다.

이러한 경우의 구인 및 구직자수는 졸업 후의 6월 시점까지 종합적으로 파악한 수치이다. 실무적 차원에서는 취직활동기간중의 구인 및 구직상황을 실시간으로 파악할 필요가 있으며, 조사시기도 (졸업 전년도의) 7월, 9월, 11월, (졸업연도의) 1월, 3월로 나누어 여러 차례에 걸쳐 이루어졌다. 그리고 구인수 및 구직자수도 각각의 시점에서 상이한 수치가 나타난다. 즉, 구인수는 학교나 공공직업안정기관의 구인노력 등을 통하여 시점마다 그 수치가 변화하는 한편, 구직자수는 학생이 학교 및 공공취업안정기관을 통하여 지속적으로 취업활동을 하느냐의 여부에 따라 달라진다.

이처럼 구인수 및 구직자수의 파악에서 시기별 변동상황을 살펴보면, 1990년대 초반에는 7월보다 그 이후의 수치가 증가하는 양상을 보였으나, 1993년 이후에는 오히려 감소하였다. 2003년 3월 졸업자의 경우, 구직등록을 한 자는 3학년의 7월 시점에서 23만명 가까웠던 것이 조사시점마다 감소하여, 최종적으로는 17만명까지 감소했다. 이러한 감소추세는 학교 및 고용안정기관을 경유하지 않은 채 연고(친척 등) 등 기타의 경로를 통해 직장을 구하는 구직방법으로 변경하였거나, 청소년들이 구직활동 자체를 중단한 것 가운데 하나의 이유에 기인한다고 하겠으며, 주로 구직활동 자체를 중단한 경우가 더 많을 것으로 여겨진다. 즉, 1992년의 경기후퇴기 이후의 구인수의 급속한 감소 속에서 당초, 취직을 희망하였던 학생들이 취직희망을 포기하는 행동이 광범위하게 이루어지고 있는 것이다. 매년 7월의 구직자수는 전년도보다 줄어드는 경향이 이어지고 있다. 이듬해의 3학년도 선배의 취직상황을 답습하여 처음부터 취직을 희망하지 않게 되는 것이다.

그렇다면 구직자수의 감소는 구인 감소와 분리되어 일어나고 있는 것이 아니라, 오히려 구인감소에 호응하는 형태로 진전되고 있다고 할 수 있다.

그렇다면 구인의 격감원인은 무엇일까? 물론 '거품경제 붕괴'라는 경기후퇴가 가장 큰 이유일 것이다. 하지만 그것만으로는 납득하기 어려운 구조적인 이유가 있는 것이 아닐까. 이전 도심소재 기업을 대상으로 실시한 조사[8]에 의하면 지금까지 고등학생을 채용한 적이 있는 기업 523사 가운데 47%에 해당하는 245사가 1990년대에 접어들어 고등학교 졸업자를 채용하지 않는 것으로 나타났다. 그리고 고등학교 졸업자의 채용을 중지한 이유로서 가장 많은 기업이 '경영환경의 악화'(48%)를 들고 있으며, 그 다음으로 '전문대학·대학졸업자들로 해당직무를 대체하여 충당'(42%)한다고 하는 응답이었으며, 아울러 '업무의 고도화'(20%), '해당업무를 비정규직 지원으로 이행'(19%), '지원자의 질적 저하'(17%)라는 응답도 적지 않았다.

이러한 상황에 대한 가장 큰 요인으로는 경기적 요인으로 이와 같은 원인에 의한 채용자수의 감소는 향후 경기가 회복됨에 따라 상황이 호전될 가능성이 높다. 하지만 구조적 요인, 즉 학력의 대체나 비정규직 사원중시의 채용관리로의 전환과 같은 요인은 경기가 회복된다고 하더라도 이전의 상태로 돌아가지 않는 요인이다. 또한 고졸자의 평가저하도 회복하기가 매우 어렵다. 『일경련(日經連)타임즈』의 사설에서는 이 점을 중시하여 "가장 큰 문제는 고졸 취업자 자신의 취업의식이 희박하며, 이와 아울러 질적 수준이 현격하게 저하되고 있기 때문이다. 기업측에서는 이들의 ① 일반상식의 부족을 비롯한, ② 태도·매너, ③ 의사소통 능력, ④ 기초학력 등의 소양에 불만족스러워하는 것으로 나타났다. 이러한 상황의 개선 없이는 고졸자 채용의 감소경향을 막는 것 자체가 어려울 것이다"(「主張」, 2000년 2월 14일)라

---

8) 日經連·東京經營者協會『高校新卒者の採用に關する質問調査』, (2000).

고 지적한다.

　기업측은 고등학생 노동력의 질적 저하를 우려하고 있으며, 고등학생 및 고등학교의 교육적 책임을 묻고 있다. 광범위한 영역에서 고등학교 졸업자에서 대졸자로의 노동력 대체현상이 일어나고 있는 배경에는 이러한 고등학교 졸업자의 노동의 질적 저하에 대한 인식이 저변에 깔려 있다. 단, 학력대체는 직업 및 업무내용이 변화하였기 때문에 대학졸업자가 대응가능성이 높다고 판단되어 이루어지는 면도 있다. 이는 고등학생의 책임이라기보다는 정보화나 국제화 등의 흐름으로 인한 업무의 고도화가 원인이라고 할 수 있다. 글로벌화가 진전됨에 따라 해외에서의 현지생산 비중이 증가하여 국내 기업의 일자리 수요감소로 인해 채용이 삭감되고 있는 측면도 있다.

　또한 비정규직 고용의 대체로 인해 발생하는 고용감소도 앞에서 언급한 것과 같은 기본적인 고용관리의 변화로부터 발생하고 있는 사태이다. 고등학교를 졸업한 직후의 청소년이 정규직 고용자가 아니라 시간제 및 계약직 등의 비정규고용형태로 일하게 되는 경우도 상당수 존재한다. 고용동향조사(노동성)에서는 기업이 연간 상용(常用)노동자9)의 형태로 채용한 신규 졸업자의 고용형태를 알 수 있는데, 이 자료에서 19세 이하의 신규 졸업자로 해당년도에 신규 채용한 자의 고용형태를 보면 시간제 노동자(하루 노동시간이 정사원보다 짧거나, 주 노동일수가 짧은 고용형태의 자)의 비율이 1990년의 8.5%(남성 7.1%, 여성 9.5%)에서 2002년의 41.5%(남성 37.6%, 여성 44.8%)로 큰 폭으로 증가하고 있다. 그 해에 학교를 졸업하여 채용된 청소년 구직자의 30% 정도는 시간제 노동자로 고용되고 있음을 말해 주는데,

---

9) 『고용동향조사』에서의 상용노동자란 기간을 정하지 않은 채 고용되어 있는 자, 1개월 이상의 기간을 정하여 고용된 자, 1개월 이내의 기간을 정하여 고용되어 있는 자, 또는 하루 단위로 고용되는 자로 2개월 전에 18일 이상 고용된 자를 말한다.

학교·직업안정소를 경유한 구인은 시간제 취업이 아닌 정규직 사원에 한정되어 있다. 시간제 취업형태로 채용된 이들은 아마도 최종학교 졸업시에는 통계적 처리에서 '무직'으로 간주되고 있는 경우가 대부분일 것이다.

어쨌든, 실질적으로 신규 고등학교 졸업자를 고용하고 있기 때문에 비정규사원으로의 대체는 고등학생의 평가가 하락한 것이 원인이라고는 할 수 없다. 비정규직사원을 활용하는 것은 격심한 변화가 일어나는 현대사회의 기업들이 살아남기 위한 고용관리의 하나라는 점에서 유래한 변화이다.

이와 같이 신규 고등학교 졸업자의 구인을 감소시키는 몇 가지 요인은 경기순환적인 요소도 고등학생이나 고등학교 교육의 평가절하도 아닌, 구조적인 문제에 기인한다. 즉, 학교교육의 개선으로는 회복할 수 없는 요인도 적지 않다는 것이다.

그런데 고졸자 구인의 격감은 동시에 그 구인내용도 변화시켰다. 신규 고졸자의 구인내용의 변화를 2003년 3월 졸업과 1992년 3월 졸업으로 비교해 보면(勞働省 職業安定局編, 『新規學卒者の勞働市場』) 우선 사업장 규모로는 1000명 이상인 사업장의 구인수가 1992년의 8.4%까지 크게 감소했다. 그리고 29명 이하 규모에서는 20.6%로 감소율이 낮으며, 소규모사업장의 구인비율이 커지고 있다. 실제 취직자리를 봐도 1000명 이상 규모의 취직자 비율은 1992년 29.1%에서 2003년 13.4%로 크게 감소했으며, 29명 이하는 10.5%에서 22.0%로 두 배로 늘었다. 직종은 사무 및 전문기술직의 구인이 역시 1992년의 9.1%까지 감소했고, 서비스직의 구인은 31.1%, 건설 및 전기분야의 구인은 31.0%까지의 감소에 머물러, 서비스나 건설관련 직종의 비율이 증가하고 있다. 취직직종을 봐도 사무 및 전문기술직에서의 취직자는 1992년에는 41.7%를 차지하고 있지만, 2003년에는 24.2%로 감소한 반면, 서비스직은 6.7%에서 15.4%로 증가했다.

고등학생의 구인은 그 수가 1/8로 줄었을 뿐만 아니라, 대규모사업장이나 화이트칼라 구인이 특히 크게 줄어, 그 질적 변화가 일어나고 있음을 말해 준다.

각 학교의 구인에서도 물론 이러한 사태가 진전되고 있다. 단, 전체적인 구인수의 감소가 그대로 각 고등학교의 구인에 직접 반영되고 있는 것은 아니다. 고졸자의 취직과정 변화를 보다 구체적인 차원까지 접근해서 살펴보자.10)

고등학생의 취직은 각 기업이 취직안정기관에서 내용확인이 끝난 구인을 각 학교에 직접 전달하며, 각 학교에서는 응모한 학생을 선발해 추천하는 구조로 이루어져왔다. 이 때 각 기업은 한 명의 구인에 복수의 고등학교에 구인표를 보내는 경우도 적지 않았지만, 요즘은 구인수가 대폭 줄어들었기 때문에 구인수의 삭감만큼 추천의뢰학교를 뽑지 않는 경우가 많다. 여기에서 각 학교의 구인은 겉보기에는 그다지 감소하지 않은 것으로 보인다. 그러나 그것은 지원해도 채용되지 않는 경우가 증가하고 있는 것으로, 실제로 구인수는 8분의 1까지 줄었다. 즉, 요즘에는 취직시험이 해제되는 9월말 단계의 취직내정률이 40% 정도로 1990년대 초반의 70%정도에 비해 크게 줄었으며, 지원해도 채용되지 않는 경우가 늘고 있다. 학교추천이 있으면 떨어지는 경우가 적었던 고등학생의 취직구조가 변하였고, 지원기업의 선정도 어려워졌다.

또한 매년 고등학생을 대량으로 채용하는 대기업이 줄었으며, 그 만큼 학교나 안정기관이 새로 개척한 취직처의 비율이 증가하고 있다. 이제까지 신

---

10) 주로 일본노동연구기구 『신규 고졸자 노동시장의 변화와 직업으로의 이행지원』(1998)에 의거한다. 이 보고서에서는 전국 5개 지역의 고등학교 18개교, 공공직업안정소 7개소, 사업소 12개소에 대한 인터뷰 조사를 통하여 노동시장의 변화를 분석하고 있다.

규졸업자를 뽑지 않았던 지방의 중소, 영세기업이 고등학교 졸업자를 다수 채용하기 시작했다. 각 학교에서 학생에게 제시하는 구인은 예전의 졸업생 때와는 크게 바뀌었다. 특히 매년 안정적으로 졸업생을 채용하려는 기업에서의 구인이 줄고 있다. 고등학교에서 실시하는 취업교육에서 실적기업은 양호한 취직기회라고 간주되어, 성적이나 출석상황이 우수한 학생의 취직처로서 중요한 역할을 수행해 왔다. 이러한 취직기회가 크게 줄어, 이제까지 졸업생을 보낸 적 없는 기업이 늘고 있다. 취직지도상의 애로사항이 여기에도 있다.

게다가 구인상황의 학교 간 격차가 확대되고 있다. 즉 구인은 기업에서 직접 각 학교에 전달해야 한다는 원칙이 있기 때문에 당연히 학교마다 구인상황은 다를 수밖에 없다. 하지만 현재 구인수가 줄어듦에 따라 각 사업장은 고등학교 가운데 학생을 추천받고 싶지 않은 학교들을 일정범위 내에서 선별하고 있다. 오히려 이전과 같이 특정학교와는 추천 및 선발인원을 줄이지 않고 지속적으로 유기적 관계를 유지하고자 하며, 이러한 학교는 선별하고자 하는 경향이 있다고 해야 옳을 것 같다. 즉 기업은 지금까지 비교적 많은 졸업생을 채용해 온 학교에 우선적으로 구인을 할당하는 경우가 많다. 그리고 그러한 학교에는 지역사회에서 오랜 전통을 가지고 있는 실업계 고등학교들이 많다. 이에 비해, 취직희망자가 적은 인문계 고등학교나 새로 설립된 고등학교는 기업과 유기적 관계를 유지하고 있는 교사 및 학교관계자가 적기 때문에 삭감대상이 되기 쉽다. 이러한 기업의 판단에 따라 특정 고등학교에는 구인이 극단적으로 줄어드는 사태가 일어나고 있다.

고등학교 현장에서의 취직지도 및 취업알선은 현재 매우 혼란스러운 상황에 놓여있다. 노동시장의 구조적인 변화에 취직과정이 적절하게 대응하지 못하고 있다. 현재, 취직자가 급격하게 감소하고 있는 한편, 진학도 취직

도 하지 않는 무직자의 증가가 뚜렷하게 나타나고 있다. 이러한 현상요인의
하나로는 노동시장의 변화이고, 또 다른 요인은 취직과정이 현재의 변화에
대응하지 못하는 것이라고 할 수 있다. 이 밖에도 고등학생의 요인이 있지
만, 이 점은 나중에 다루기로 하겠다.

고졸자 이외의 신규 졸업자 노동시장도 개괄적인 수준에서 그 변화를 검
토해 보기로 하겠다. 앞에서 언급했듯이 현재는 고등교육 졸업자가 신규졸
업시장에서 차지하는 비율이 높다. 그 중에서도 증가가 두드러진 것은 (4
년제)대학졸업자이다. 대학진학률의 상승으로 1990년대 이후 대학졸업자
는 지속적으로 증가했지만, 그 증가분의 3분의 2는 여자이고, 여자 대졸자
는 그 사이에 2배까지 늘어났다. 취직하는 졸업생은 1992년 35만 명을 절
정으로 감소경향이 있지만, 2003년 3월 졸업자도 30만명으로 감소폭은
그다지 크지 않았다. 단, 졸업생이 차지하는 취직자 비율을 보면, 1991년
81.3%에서 2003년 3월 졸업의 55.0%로 크게 감소했다. 그리고 최근 그
비율이 크게 늘어난 것은 무직자로, 1990년 5.6%에서 2003년 22.5%를
차지하고 있다(文部省, 「學校基本調査」). 취직자의 비율이 감소한 배경에는
역시 구인 상황의 악화를 우선적으로 들 수 있을 것이다. 대졸자의 구인경
쟁률은 행정기관에서는 파악하지 않기 때문에 민간기업조사에 의하면
1991년 3월 졸업의 2.86배에서 2003년 3월 졸업의 1.30배로 크게 줄어
들었다((株)リクルートリサーチ). 취직자가 감소하여 무직자가 늘어난 배경
에 구인수의 감소가 자리잡고 있는 것은 틀림없을 것이다. 물론 대학생의
행동이나 의식의 문제도 있겠지만, 먼저 그것을 규정하는 것은 구인 상황이
아닐까 한다.

그런데 [표 2-3]에서는 대졸자 이외에 고등전문학교·전문대학 졸업·전
문학교 졸업자 및 고졸자의 취직처 규모, 산업변화를 기업조사를 통해 살펴

보았다. 이 자료에서는 대졸 취업자수는 증가하고 있으며, 고졸, 고등전문
학교, 전문대학, 전문학교 졸업자의 취직자수는 크게 감소하고 있다. 학교
기본조사의 수치와는 약간 다르다. 이러한 차이는 이 조사가 기업을 대상으
로 한 조사로 공무원이나 5인 미만의 기업은 제외되었기 때문일 것이다.
1991년과 2002년 졸업자 사이의 변화에 주목해 보면, 우선 전체 신규 졸
업자 중 취직자는 1,031만 명에서 2002년 769만 명으로 크게 감소하고
있다. 학력단위의 산업별 구성을 살펴보면 전반적으로 '제조업'이 줄었으
며, 대졸자와 고등전문학교·전문대 졸업자 가운데는 '금융·보험·부동산'에
서 두드러진 저하현상이 나타나고 있다. 한편 증가하고 있는 부분은 대졸자
와 고등전문학교·전문대 졸업자 가운데 '도소매, 음식점'과 '서비스업'으로
전문학교 졸업자 가운데는 '서비스업' 분야이다. 기업규모별로는 전체 학력
단위에서 1000명 이상 규모의 사업장에서 취직자가 감소했으며, 특히 대
기업의 취직비율이 높은 대졸자이나 고등전문학교·전문대 졸업자가 크게

〔표 2-3〕 학력별 신규 졸업자의 구직연황    (단위: %, 굵은 글자·천 명)

| 졸업년도 | 고교 | | 고등전문·전문대 | | 전문학교 | | 대 학 | |
|---|---|---|---|---|---|---|---|---|
| | 2002년 | 1991년 | 2002년 | 1991년 | 2002년 | 1991년 | 2002년 | 1991년 |
| 취직자수 | **260.4** | *585.2* | **88.2** | *222.7* | **117.7** | *235.7* | **302.9** | *277.8* |
| 계 | 100.0 | *100.0* | 100.0 | *100.0* | 100.0 | *100.0* | 100.0 | *100.0* |
| 건설업 | 7.6 | *7.1* | 3.7 | *7.0* | 6.5 | *6.4* | 6.1 | *7.3* |
| 제조업 | 27.9 | *37.1* | 9.0 | *19.1* | 9.7 | *14.1* | 18.9 | *27.0* |
| 운송통신업 | 4.5 | *4.8* | 5.4 | *4.9* | 1.4 | *5.8* | 2.8 | *4.9* |
| 도소매음식업 | 39.4 | *27.4* | 20.5 | *14.3* | 18.5 | *19.8* | 30.0 | *17.2* |
| 금융·보험·부동산 | 1.6 | *3.8* | 10.5 | *20.7* | 0.3 | *2.5* | 6.8 | *17.2* |
| 서비스업 | 18.5 | *19.0* | 50.1 | *33.7* | 63.6 | *51.3* | 33.6 | *25.4* |
| 기타 | 0.4 | *0.7* | 0.7 | *0.3* | 0.0 | *0.1* | 1.9 | *0.9* |
| 1000인 이상 | 20.5 | *25.8* | 18.3 | *38.8* | 11.2 | *18.1* | 33.3 | *53.2* |
| 300~999 | 14.1 | *20.8* | 20.7 | *21.7* | 15.0 | *18.0* | 23.5 | *21.4* |
| 100~299 | 16.7 | *23.5* | 13.8 | *17.9* | 12.3 | *26.9* | 14.9 | *13.5* |
| 30~99 | 21.5 | *14.5* | 14.4 | *10.5* | 31.3 | *19.7* | 12.2 | *5.6* |
| 5~29 | 23.2 | *13.7* | 23.8 | *8.7* | 24.7 | *14.8* | 11.8 | *2.8* |

자료 : 勞働省, 『上期雇用動向調査』, 1991·2002년.

감소하고 있다. 단 현재에도 대기업에서는 대졸자의 취직비율이 가장 높다. 또한 전문학교 졸업자 또는 고등학교 졸업자의 취직비율은 29인 이하 규모의 기업이 차지하는 비율이 점진적으로 증가하고 있다. 고졸자의 노동력 수요도 제조업이나 금융보험업 및 대기업에서 그 감소추세가 두드러지지만, 4년제 대학졸업자의 경우는 일정부분 저하되고 있기는 하지만 타 학력(고졸, 전문대졸 등)과 비교하면 그렇게 심하지 않다. 역시 상대적으로 학력이 높은 사람의 수요가 강하다고 할 수 있을 것이다.

## 3. 학교에서 직업세계로의 이행변화와 비정규취업

학력수준과 상관없이 학교를 졸업하자마자 정규직 사원으로 취직하는 것이 점점더 어려워지고 있다. 이러한 현상의 전체적인 양상을 파악하기 위하여 연령별로 신규졸업자 가운데 정규직 사원으로 취직하지 못한 사람의 비율을 계산한 다음, 그러한 상황변화를 살펴보고자 한다. 즉, 동일집단(같은 해에 중학교를 졸업한 집단)별로 중학교졸업시점에서 취직한 사람, 그 3년 후 고등학교 졸업시점에서 취직한 사람, 다시 2년 후 전문대학이나 전문학교 졸업시점에서 취직한 사람, 또 그 2년 후에 대학을 졸업하고 취직한 사람 등 학교졸업과 동시에 (정규직 사원으로) 취직한 사람의 숫자를 구해, 그것을 각 동일집단의 총계에서 뺀 수치를 〔그림 2-1〕에는 신규졸업자 중 미취업자로 분류했다. 여기서 주목해야 할 것은 신규졸업자 중 미취업자의 비율이 1985년도 중학교 졸업자부터 갑자기 증가하고 있다는 것이다. 또, 1982년도 세대처럼 현저하게 인구가 적은 집단에는 신규졸업자의 취직이 다른 연령대에 비해 상대적으로 쉬워져 전체적인 흐름과는 다른 결과를 보이고

[그림 2-1] 동일집단별 신규 졸업자 중 미취업자 비율

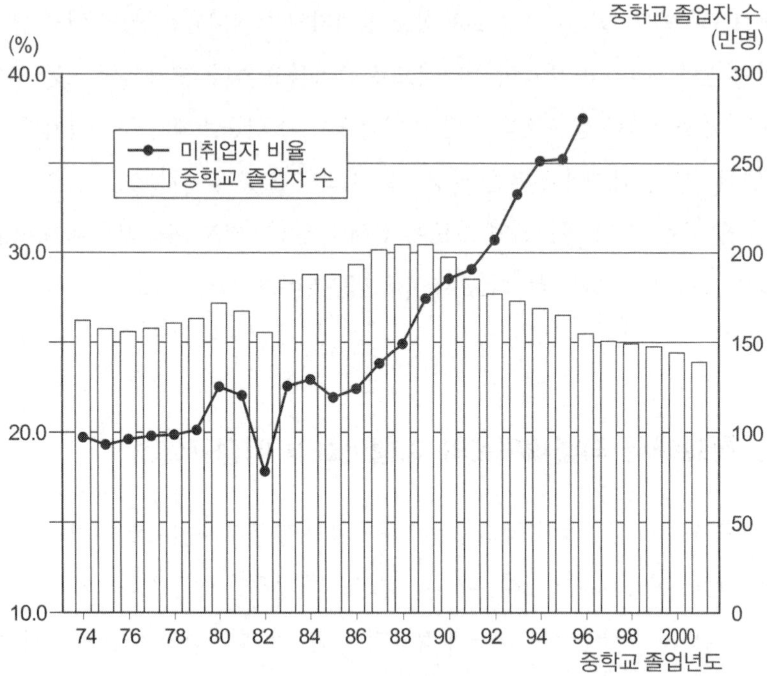

주:     미취업자 비율＝｛중학교졸업자수-(동년중학교졸업후 취업자수＋3년후 고등학교졸업후 취업자수
        ＋5년후 단기대 · 고등전문학교 · 전문학교졸업후 취업자수＋7년후 4년제대학졸업후 취업자수
        ＋7년후대졸진학자수＋2년후각종학교준간호 · 간호학교졸업수)｝/중학교졸업자수×100
출처:   문부과학성 「학교기본조사」

있다. 그러나 최근의 동일집단에는 인구가 줄어듦에도 불구하고, 신규학교
졸업자 중 미취업자의 비율이 높아지고 있다. 이러한 변화를 통해 알 수 있
는 것은 청소년의 학교에서 직업세계로의 이행구조가 기본적으로 변화하고
있다는 것이다.

　일본에서는 학교에서 직업세계로의 이행이 신규채용이라는 고용관행하
에서 매우 원활하게 이루어져 왔다고 한다. 그러나 그림에서 보듯이, 신규

채용의 범위에 들어가지 못한 사람은 지금까지도 일정수 존재하며, 또한 최근에는 그 비율이 증가하여 40% 가까이에 이르렀다. 청소년층에서 실업자나 시간제 취업, 아르바이트 등의 비정규고용자가 급격하게 증가하고 있음을 지적했지만, 학교를 도중에 그만두거나, 졸업 후 곧바로 취직을 하지 못한 이들이 이러한 입장에 놓일 가능성이 높다고 하겠다.

학교졸업과 동시에 직업세계로 이행하는 경향이 널리 퍼지게 된 것은 1950년대부터 청소년들이 중학교를 졸업한 이후 고향을 떠나 대량으로 공업지역의 공장 및 사업소장으로 소개 및 알선되면서부터이다. 기업들은 청소년들에게 직업훈련과 같은 교육적 측면의 투자를 강화하여, 그들이 기업 내에 정착하도록 하는 정책을 통해 특정 기업에서의 장기근속을 기본으로 하는 일본형 고용관행이 확산되었다고 할 수 있다. 오늘날 청소년 세대의 실업이나 비정규직 고용이 확대되고 있는 것은 그런 고용방식의 '동요'내지는 '수정'이라는 국면의 진전을 의미하고 있는 것은 아닐까? 청소년 노동시장의 실태와 배경을 정확하게 파악하여 적합한 대응책을 논할 필요가 있을 것이다.

# 기업과 청소년

**청**소년이 안일한 것일까. 추락하고 있는 것인가. 기업, 단체에 소속되어 있는 사람은 이구동성으로 '요즘 청소년들은 안일해', '요즘 청소년들은…….' 라고 한다. 진심으로 하는 말일까?

정말 그런 것일까? 거리를 어슬렁거리며 게임에 몰두하는 갈색머리의 청소년, 휴대전화로 의미도 없는 대화를 계속하면서 배회하는 여고생, 통행에 방해가 되는 곳에 무리지어 주저 앉아 있는 청소년, 무턱대고 괴성을 질러대는 청소년, 전철 안에서 화장을 고치는 청소년이 있다.

게임이나 휴대전화의 보급으로 거대한 부를 쌓은 것은 누구인지, 갈색 염색머리를 한 아이들이 거리에 넘치도록 염색약과 안료를 팔기 시작한 것은 누구인지, 잡담은 안 된다며 유익한 수업을 하는 대학교교수가 얼마나 있는지, 어른들은 옷깃을 바로 하고 정직하고 성실하게 살고 있는가. 출퇴근 지하철을 탈 때마다 매일 생각한다. '청소년은 아저씨, 아줌마를 그대로 따라하고 있을 뿐이라는 것' 을.

어른은 청소년의 변화를 따라가지 못하고 있을 뿐이 아닌가. 도그 이어(역자주: Dog year는 IT 용어로 인간의 7년은 개의 1년과 같다는 말에서 나옴. 정보기술개발의 속도의 빠름을 비유한 말)의 템포로 변화하는 청소년을 정확히 파악해내는 기업 및 단체가 청소년에게 주목받고 있다. 청소년의 심리파악을 위한 마케팅이 어른에게 필요한 것일지도 모른다.

## 1. 청소년의 고용환경과 고용관행의 변화

지금으로부터 겨우 10여 년쯤 일본은 '경제 1등국, 문화 3등국'이라는 말을 들으며 적어도 호조를 보인 경제는 서양 여러 나라로부터도 부러움을 사던 시절이 한동안 이어졌다. 경제 1등국을 유지함에 있어 중심적 역할을 수행한 것은 민간부문에서는 금융업계, 그 중에서도 은행이었다.

은행에서는 예전에는 고졸자를 포함하여 소위 명문 대학에서, 게다가 그 중에서도 우수하다는 학생들을 채용했다. 그러나 유감스럽게도, 그들은 일본경제가 현실을 반영하지 못하는 거품경제였던 것을 알아채지 못했을 뿐만 아니라, 일본의 경제발전에 중요한 역할을 수행해 온 정부계열의 공사를 포함한 금융기관의 와해라는 대규모 구조개혁이 기다리고 있다는 것도 꿰뚫어 보지 못했다. 이 점을 생각하면, 금융기관이 우수한 인재를 다수 거느리고 있었다는 것이 이해되지 않는다. 금융기관의 정리 및 통합은 21세기에 돌입하여 5년이 지난 지금도 계속되고 있다. 이만큼 금융기관의 구조개혁에 상당한 시간이 소요된다는 것은 구조개혁이 제대로 이루어지고 있지 않았다는 것을 말해 준다.

금융기관이 와해되는 과정, 또는 잔존한 금융기관의 보호를 위해 막대한 금액의 공적자금, 즉 세금을 쏟아부었다. 세금을 투입하기에 이르기까지 그 곳에서 일하던 사람들의 부당하게 높은 임금수준의 시정이 요구되었지만, 그 성과는 확실하지 않았다.

우수한 대학 및 학교, 우수한 학생이란 도대체 무엇이란 말인가. 일본에서는 학업성적이 우수한 사람=우수한 사람이라는 인식이 적어도 100년간은 계속되고 있다. 은행을 중심으로 한 금융기관 외에 일반적으로 우수한 사람이 집중되어 있다고 인식되고 있는 곳이 관청이다. 그 중에서도 중앙관청의 예전의 상급직, 현재의 제1종11)인 엘리트 관료그룹은 비할 데 없이 우수한 사람의 집단이라고 여겨지고 있었다. 그들은 고급관료라고도 한다. 그러나 외교관을 포함한 관료의 끊임없이 밝혀지는 비리문제를 볼 때마다 도저히 교양 있는 우수한 사람의 집단이라고는 할 수 없다는 생각을 하게 된다.

또 하나의 우수한 사람의 집단으로 알려진 분야가 저널리즘(언론 및 방송 분야)이다. 그러나 오늘날 그들의 보도자세를 보면 저널리스트들이 교양을 갖춘 우수한 사람들이라고는 여겨지지 않는다. 그들이 평상시 사회현상에 대해 문제의식을 느끼며, 그러한 문제의식에 기초한 메시지를 구체화하여 독자나 시청자에게 호소하고자 하는 자세가 극히 미약하기 때문이다. 일상적으로는 그들은 보도의 대부분을 관공서의 발표를 전달하는 정도에 그치고 있으며, 대중의 인기에 영합한 사건에는 필요 이상의 시간과 지면을 할애하곤 한다. 또는 미담이나 눈물을 자아내는 기사가 터무니없는 양으로 넘쳐나고는 한다.

2001년 2월에 아이치 현립(縣立) 우와지마(宇和島) 수산고등학교의 실습선이 하와이의 오아후섬 앞바다에서 미군의 잠수함과 충돌하여 눈깜짝할 사이에 침몰한 사고가 있었다. 9명이 행방불명된 참혹한 사고였다. 이 사건

---

11) 역자 주: 한국의 행정고시에 해당하는 것으로, 합격자는 장래 간부후보로 채용된다. 비교적 단기간에 책임 있는 직책을 맡게 되며, 이른바 엘리트그룹으로 행정관료로서 정책 입안, 법률제정, 예산편성 등의 업무에 관여하게 된다. 각 업무에 단기관의 순환근무를 통하여 다양한 분야의 업무를 경험하게 된다.

은 잠수선의 조작미숙과 정비불량 등과 같은 문제도 있고 하여 사고가 아닌 사건으로 발전되어 갔다. 이 사건의 보도량은 상상을 훨씬 뛰어넘는 수준이었다.

예를 들어 충돌한 일본배가 단순한 어선이었다면 이 정도로 보도가 되었을 것인가 하면, 아마 그렇지는 않았을 것이다. 실습중이던 고등학생들이 희생되었다는 사실이 보도의 양을 예상 외로 확대시킨 것이 아닌가 하는 생각을 한다.

참혹한 사건으로 희생된 고등학생들보다 훨씬 더 많은 수의 고등학생들이 매일매일 학교나 거리에서 희생되고 있다는 사실이 다른 한편에 엄연히 존재한다. 그러나 극단적으로 말하면 '개가 사람을 물면 이슈가 되지 않지만, 사람이 개를 물면 이슈가 된다'는 사례가 설명하고 있듯이 일상적인 문제의 대부분은 등한시되고 있다.

사고나 사건의 본질을 끝까지 밝혀낼 수 있는 능력이 있다면 고등학생들이 탄 배가 실습선이건 어선이건 동일한 비중으로 보도되어야 할 것이다. 이러한 관점에서 보면, 우수한 사람의 집단이라고 인식되고 있는 저널리즘도 실은 그렇지 않음을 알 수 있다. 또한 2004년 10월 하순에 일어난 니가타현(新潟縣)의 지진보도도 마찬가지라고 할 수 있다. 미증유의 대지진이었기 때문에 보도에 많은 제약이 있을 수 있다는 점은 이해한다. 하지만 그렇다고 하더라도 보도는 지극히 단편적이었으며, 어느 한 측면만 보도했다. 지진이 일어나고 난 후 4일만에 구출된 두 살짜리 남자아이의 보도에 상당한 지면과 시간을 할애했다. 이러한 보도자세는 균형감각이 결여되어 있다고 밖에 할 수 없다.

산업사회에서는 금융업계에만 문제가 있는 것은 아니다. 2000년에 발각된 사건으로 많은 사람들의 기억에 남아 있는 사건으로 유제품 제조회사의 불충분한 위생관리와 자동차 제조회사의 불량차량의 리콜 은폐사건이 있다. 두 사건 모두 상식적인 시점에서 보았을 때 실로 놀랄 만한 사건이다. 경영을 하고 있는 간부가 소비자를 기만하려고 한 점과 아울러 업무감사를 하는 감사가 그 책무을 다하지 않고 있다는 것도 사건을 크게 만들었다.

 말하자면, 감독자에게도 감사자에게도 교양이 없었던 것이다. 교양이라고 하면 일본에서 이에 전통적인 이해로는 많은 것을 알고 있는 사람을 의미한다. 그러나 일반적으로 단순히 학식만 깊은 또는 많은 것을 알고 있는 사람을 교양 있는 사람이라고 생각하는 것은 잘못된 것으로, 교양 있는 사람이란 사물과 현상파악을 종합적 · 체계적으로 체득한 사람이 익힌 창조적 이해력이나 지식이라고 정의되고 있다. 고전을 많이 읽은 사람, 클래식 음악에 조예가 깊은 사람을 교양이 있다고는 하지 않는다. 나는 교양이 있는 사람이란 위기관리를 할 수 있는 사람이라고 생각한다. 즉, 기본적으로는 위기를 초래하지 않는 사람으로 혹시 위험에 부딪힌 경우에는 그에 신속하고 적절하게 대응할 수 있는 사람이다.

 사회에는 이제까지 언급한 것과 같은 어른만 있는 것은 아니다. 근면하고 성실하게 하루하루를 보내고 있는 사람이 훨씬 더 많다. 그렇다고는 해도 근면하고 성실한 사람도 반드시 교양이 있는 사람이라고는 할 수 없다. 예를 들어 선거의 투표율을 보면 2003년 11월의 중의원선거에서는 59.9% (선거구)와 59.8%(비례대표)였으며, 2004년 7월의 참의원선거에서는 56.5%(선거구)와 56.7%(비례대표)였다. 중의원선거의 투표율은 제2차 세계대전 이후 실시한 스물 두 차례의 선거에서 두 번째로 낮은 투표율이었으며, 참의원선거의 투표율도 마찬가지로 스무 차례 가운데 세 번째로 낮은 투표율이었다.

 이처럼 너무 낮은 투표율은 한편으로는 정치불신과 체념을 나타내는 것인데, 개혁이나 혁신은 체념으로는 이룰 수 없다는 생각이 선거권을 가진 어른에게는 결여되어 있는 것 같다. 이러한 현실 속에서도 기업, 단체에 소속되어 있는 사람은 청소년 모두라도 해도 좋을 만큼의 이들이 "요새 청소년들은……"이라고 한다. 거기에는 어른들의 반성은 없으며, 청소년을 육성하는 일이 얼마나 중요한 것인가 하는 시점이 결여되어 있다. 안타깝게도 이런 사람이 기업 및 단체를 경영하며, 그러한 기업, 단체에 청소년이 들어간다.

고등학생 가운데 취직희망자가 격감하고 있다. 졸업자수가 감소하고 있을 뿐만 아니라 취직환경이 현저하게 나쁜 것도 취직희망자의 감소에 박차를 가하고 있다. 기업, 단체측에는 고등학교 졸업자를 채용하지 않는 또는 채용하고 싶어 하지 않는 이유가 있다. 그것은 고등학교에서의 또는 고등학교까지의 교육과 지도가 너무나 불충분한 점에 기인한다.

또 한 가지는 고졸 취직자의 절반이 3년 이내에 처음 취직한 직장을 떠난다는 사실이다. 고생해서 모처럼 채용하여 교육을 시켜도 언제 그만둘지 모르는 상황에서 기업, 단체는 상당한 위험부담을 안게 된다.

'시대가 변했다'고는 하나 고졸자에게도 사회인으로서의 일정 한도의 지식, 매너, 행동이 기대되고 있음에도 불구하고, 학교와 가정에서의 교육은 이에 미치지 못하고 있다. 평생학습의 시대라고는 하지만, 고등학교를 졸업하고 취직한 이들에게는 현실 사회에서 제공되는 다양한 교육기회를 접하기란 그리 쉬운 일은 아니며, 실질적으로는 고등학교 교육이 그들이 받게 되는 마지막 교육의 기회라고 할 수 있다. 그럼에도 불구하고, 상당수의 취직희망자들은 학교 내에서 방치된 상태로 존재하며, 그들은 고등학교 교육이 그들이 받을 수 있는 마지막 교육기회란 점을 깨닫지 못한 채 사회에 나가게 된다.

특히 고용관행이 변화하여 제2차 산업의 생산공정이 합리적으로 조정되었다고는 하지만, 우수한 젊은 노동력은 필요하다. 그러나 고등학교는 이러한 필요에 적절하게 부응하지 못하고 있다. 기업이 자신들의 경비를 들여 채용활동을 벌이더라도 기대하는 수준의 인재를 만날 가능성이 현저하게 낮다면, 기업은 당연히 구인활동에 소극적일 수밖에 없다.

대학생에 대한 고용환경도 거품경제가 붕괴한 이후 일본 경제 전체의 고용환경이 변화함에 따라 크게 변했다. 현재 사상최악의 사태를 맞이하고 있다. 대학생의 취직 상황을 '빙하기'라고 하기 시작한 것은 1994년 졸업자 이후부터이다. 그리고 2년 후에는 '초빙하기'라고 했으며, 그 후에도 사태가 개선되지 않은 채 시간만 경과하고 있다.

문부성의『학교기본조사보고서』에 따르면 2004년 3월 졸업자의 취직률은 남자 53.1%, 여자 59.7%였다([그림 3-1]). 전체적으로 상당히 낮은 취업률을 보이고 있다.

현재의 일본 대학생 가운데는 100개 회사의 취직 세미나에 참가하거나 면접을 보면서도 아무런 성과도 얻지 못한 학생이 있다. 그럼에도 불구하고 당황하거나 학생의 취직지원책을 근본적으로 재구축하려고 하는 대학관계자는 없다. 모든 대학의 취업상황은 비슷해서 "우리 대학상황만이 나쁜 것이 아니다"라고 오히려 매우 안심하고 있는 듯한 느낌마저 든다.

오늘날에는 "대학은 학생을 취직시키기 위해 있는 것이 아니다"라고 주장하는 교원은 거의 존재하지 않게 되었다. 그렇다고 해서 학생의 경력개발(career development)이나 취업상황에 관심을 기울이고 있는 것도 아니다. 일본 경제시스템의 구조개혁과 그에 따르는 기업의 경영조직이나 제도변혁을 잘 알고 있는 교직원은 "일본 경제시스템이 재구축과정에 있는 것이니까, 취업상황이 나쁜 것은 어쩔 수 없다", 이 상황을 타개함도 "어쩔 수 없다"

고 포기하고 있다.

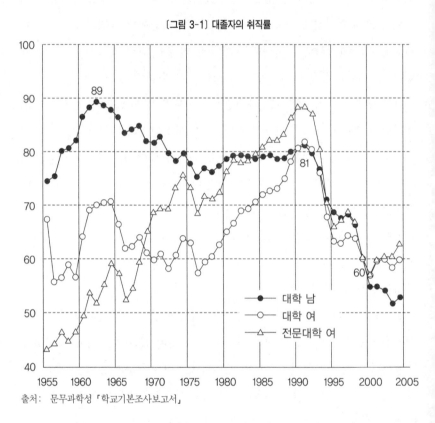

[그림 3-1] 대졸자의 취직률

출처: 문무과학성 「학교기본조사보고서」

오늘날 형식적으로는 경력개발을 위해 기획된 수업이나 행사를 실시하는 대학이 늘어나고 있는 것처럼 보인다. 하지만 상당수는 현실에 부합되지 않는 기획들이며, 이름만 바꾸었을 뿐 예전의 행사와 크게 다르지 않다.

대졸자들의 취직률이 60%를 밑돌고 있다는 사실은 과거 반 세기 가운데 최악이다. 그러나 유감스럽게도 대학 관계자에게는 최악이라는 인식이 없다. "대학원 진학이 늘고 있어서……"라는 말을 자주 한다. 확실히 2004년

3월 졸업생을 살펴보면 남학생의 14.73%, 여학생의 7.6%, 합쳐서 11.8%(6만 5000명)가 대학원에 진학하였다. 그러나 대졸자의 28.6%(남녀 합계)가 졸업하는 시점에서 정규직에 취직을 하지 못하고 있다. 대학원 진학률이 전년 대비 0.4% 상승하였으며, 숫자로는 2,000명 정도가 늘었다. 하지만 전공과 상관없이 대학원을 졸업하고도 취직을 하지 못하는 이들은 매년 증가하고 있으며, 사회적으로 심각한 문제로 부각되고 있음에도 불구하고 이들의 관심은 극히 낮은 수준에 머무르고 있는 것이 사실이다.

대졸자들이 졸업 후 취직을 하지 못했거나, 취직하기가 어려웠던 것의 배경으로는 고용자의 고용형태가 크게 변했다는 것이다. 극단적으로 말하면 시간제취업, 파견직 사원 등 비정규직원이 과거 10년 사이에 대략 2배 이상 증가했다는 것이다(〔그림 3-2〕).

〔그림 3-2〕 고용형태별 직원수의 추이

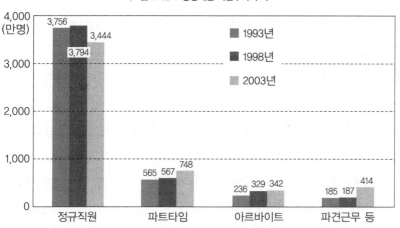

출처: 「노동력특별조사」(1998년까지), 「노동력조사상세결과」(2003년) 총무성

대학생의 취업환경을 민간기업의 구인관계를 통해 살펴보자.

〔그림 3-3〕은 민간기업의 구인수와 대학생의 민간기업 취직희망자수를 나타내고 있으며, 이에 더해 전자에서 후자를 뺀 구인배율을 '구인배율 A', '구인배율 B'의 두 꺾은선 그래프로 나타내고 있다.

1988년부터 변화추이를 보면, 민간기업의 구인수가 가장 적었던 것은 1996년 졸업자로, 39만 명이었다. 거품경제가 정점을 이룬 1991년 졸업 시점에서의 구인수 84만 명의 절반에 못 미치는 수치이다. 1996년 이후에는 일정한 경향성을 보이고 있지는 않지만 민간기업의 구인수는 증가추세에 있으며, 2005년 졸업자의 구인수는 60만 명대로 회복했다. 구인배율 A 즉 현실적 구인배율은 1.37배였다. 최근 구인배율 A는 1.3배의 추이를 보이고 있음에도 불구하고 앞에서 살펴본 바와 같이 대졸자의 취직률은 낮은 수준에 머무르고 있다(〔그림 3-1〕).

대학은 1990년 이후부터 팽창과정을 걸어왔다. 민간기업 취직희망자수도 1990년부터 증가추세로 돌아섰으며, 2005년 졸업자는 43만 5,000명에 달해 15년간 17만 2,000명, 비율로는 61%나 증가했다.

이처럼 대학이 팽창되어 온 것은 문교정책의 결과이기도 하며, 지방자치단체나 학교법인 설립자의 의사결정의 결과이기도 하다. 이러한 대학의 팽창과정에 각각의 설립자는 사립대학으로 말하면 학교법인이나 대학은 학생의 경력개발이나 취업지원에 어떤 대책을 세워 온 것일까.

현실적인 이야기는 아니지만 대학이 팽창하지 않았다고 가정하고 산출한 것이 '구인배율 B'이다. 대학이 1980년대 중반부터 전혀 늘어나지 않았다고 가정할 경우 2005년 졸업자의 구인배율은 2.26배가 되며, 거품경제기의 수준에는 미치지 못하지만 그래도 상당히 높은 구인배율을 나타낸다. 경험에 비추어 보면 1.5배의 구인배율은 취직하는 쪽이나 채용하는 쪽이나 적당한 만족감을 주는 균형점이라고도 할 수 있는 배율이다. 1.5배를 넘으

[그림 3-3] 민간기업의 대학생 구인수와 구인배율

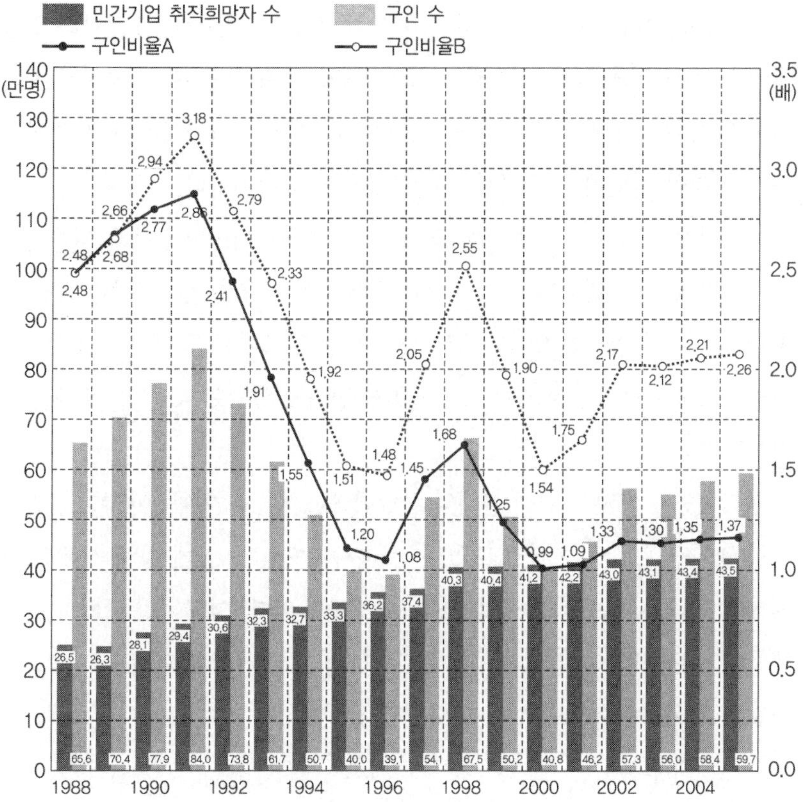

출처: 「대학생의 구인배율조사」, 『리크루트리서치』

면 채용하는 쪽이 곤란한 상황에 처하게 되며, 그 이하를 밑돌면 취직하는 쪽의 선택범위가 좁아진다. 물론, 개별적인 기업, 학생에게 '적당한'의 의미는 다르다. 일본 경제의 구조개혁이 제대로 이루어지지 않고는 있다고 하지만, 만약 대학이 팽창하지 않았더라면 '구인배율 B'가 2.26배인 2005년 졸업자의 취직상황은 크게 호전되었을 것이다.

대학생의 취업환경이 나빠진 요인의 하나로 취직협정12)의 폐지를 드는 대학관계자가 적지 않다. 취업협정이 폐지됨에 따라 채용활동이 조기화 또는 장기화되었다. 취직내정을 받을 수 있는 학생은 몇몇 기업으로부터 취업내정을 받는 한편, 장기간에 걸쳐 취직활동을 계속하더라도 취업내정을 하나도 받지 못하는 학생도 있다. 이러한 양극화현상은 최근 들어 두드러지게 나타난 것이 아니라 거품경제 시대에도 엄연히 존재했다.

취직협정이 폐지된 것은 1997년이다. 원래 취직협정의 존재를 의문시하는 목소리도 적지 않았다. 이것은 신사협정으로 명확한 벌칙규정은 없었다. 따라서 앞에서 언급한 인재를 끌어 모았다는 금융기관 등 특정업계에서는 비공식적으로 해금일 이전에 채용활동을 벌이고 있었던 것은 잘 알려진 사실이었다.

취직협정의 폐지로 인해 불이익을 당했다는 목소리가 있는 한편, 선택의 폭이 넓어졌다고 하는 평가도 있다. 채용시험이 여러 번에 걸쳐 시행된 탓에 대학의 수업에는 지장이 적어졌다는 평가도 있다. 그렇지만 앞에서 언급했듯이, 채용시험이 조기화·장기화된 것은 사실이며, 결과적으로 수업이 곤란해졌다는 목소리도 적지 않다.


## 2. 대학생의 취직관 · 직업관

대학생에게는 취직에 따르는 다양한 걱정거리가 있다.

조금 오래된 조사결과이기는 하지만 1995년의 일본사립대학연맹의 『제

---

12) 역자주: 기업의 신규졸업자 사전채용을 방지할 목적으로 기업과 대학 간에 체결된 협정으로 회사방문해금일, 입사시험개시일, 취업내정해금일 등을 정하고 있다. 1953년의 취업협정을 시작으로 유명무실한 상태에 있으면서도 다양한 변화과정을 거쳐 이 제도가 지속되어 왔다. 하지만 이 제도는 1997년 일본경제단연합(日經連)이 폐지하였다.

9회 학생 생활실태 조사보고서』를 보면 "취직하는 것 자체에 대해 불안을 느끼고 있다"는 학생이 22.7%에 이른다. 남자가 25.1%인 데 비해, 여자는 19.1%이다. 남학생이 취직을 보다 심각하게 생각하고 있기 때문에 불안감이 강하다는 해석도 가능하지만, 오히려 사회화가 늦어지고 있다는 해석이 더욱 타당성이 높지 않을까 하는 생각을 한다.

"사회정세의 변화 때문에 취직할 수 있을지 어떨지 불안하다"는 응답은 32.9%였다. 남녀별로 보면, 남자가 29.2%인 데 비해, 여자는 38.4%이다. 「여대생의 취업빙하기」 등의 보도영향도 있을 것이다. 앞에서 본 문부성의 『학교기본조사 보고서』에 나타난 취직률은 1994년 이후에는 남녀의 차이가 그다지 없거나, 아니면 거의 동일한 수준이었다.

취직을 할 때 대학생들이 가장 걱정하고 있는 것은 "자기의 적성에 맞는 직업을 고를 수 있을지 없을지 불안하다"라는 점이다. 남녀 모두 절반 가까이가 이러한 불안감을 호소하고 있다. 그러나 '적성'이나 '적성에 맞는 직업'이란 무엇일까. 과학적인 검사에 근거한 커리어상담가(career counselor)와 몇 차례 면담한 결과, '적성'이나 '적성에 맞는 직업'을 발견한 대학생이 많이 있다고는 생각되지 않는다. 따라서 이것은 '좋아하는 직업', '동경하던 직업'을 고를 수 있을지 어떨지 불안을 느끼고 있다는 정도로 생각하는 것이 무난할 것이다.

다른 조사결과를 보면 이 점이 보다 명확하게 나타난다. 리크루트 리서치가 전국의 대학을 대상으로 실시한 '기업 이미지 조사'의 '회사선택시 중시하는 조건'에서 첫 번째로 꼽은 것이 '자기의 취미, 관심에 맞는 직종'의 63.6%이고, 두 번째로는 '회사 내의 인간관계가 좋아 보여서'가 48.2%였다(〔그림 3-4〕). 그리고 세 번째로는 '자기가 하고 싶은 직종에 취직하는 일'이 29.9%이다. 이 세 가지 요소를 종합해 보면, '좋아하는 업계에서 그리고 마찰이 없는 인간관계가 가능한 회사에서 그와 더불어 자신이 좋아하는 일을 할 수 있으면 좋겠다'는 것이다.

그렇지만 '학생이 자신의 적성에 맞는 직업을 고를 수 있을지 어떨지 불안하다'고 느끼고 있는 현상은 대학이 교육기관으로서의 취직지원을 위한 역할을 충분히 수행하고 있지 못함을 의미한다고 하겠다.

〔그림 3-4〕 대학생의 회사선택 조건

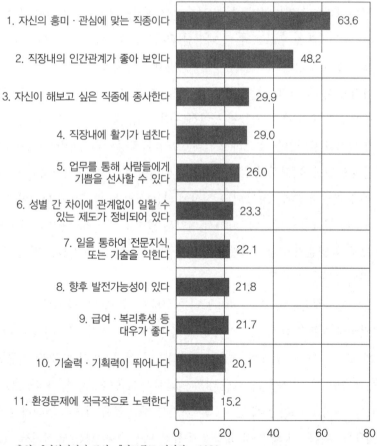

출처: 「기업이미지 조사」 『리크루트 리서치』, 1999.

## 3. 경영자과 노동자의 인식차이

대학생의 '자기이해'와 '타인이해'의 부족은 취직을 해서 직장생활을 시작
해도 계속된다.

약간 오래 된 조사 결과이긴 하지만, 1995년 주식회사 리크루트가 실시
한 「일본적인 인사시스템과 인재개발 조사」의 「기업이 추구하는 인재와 직
장인의 자기인식」이라는 조사결과를 살펴보면 경영자와 노동자 사이의 인
식차가 크게 존재함을 알 수 있다.

노동자 자신이 최대강점으로 생각하고 있는 것은 '인간관계를 중요하게
생각한다'(52.8%)이지만, 기업이 추구하고 있는 순위에서 보면, 그것은 19
개 항목 중에서 14번째에 지나지 않았다([그림3-5]). '열심히 일하는 것'을
노동자 자신은 그 다음 강점으로 보고 있지만, 기업이 추구하는 순위는 최
하위이다.

기업이 인간관계를 중요하게 생각하는 것과 열심히 일을 하는 것은 중요
하지 않다고 생각하는 것은 아니다. 그것은 너무나도 당연한 것으로 그것보
다 우선하는 것으로서 '목표를 향해서 의욕적으로 행동한다', '스스로가 문
제의식을 가지고 제안할 수 있다', '상황변화에 유연하게 대처할 수 있다',
'넓은 시야를 가지고 사물을 파악할 수 있다'라는 것 등을 무엇보다도 강하
게 기대하며 추구하고 있는 것이다.

여기에도 학생의 취직지원서비스를 위한 힌트가 내포되어 있다.

여기서 말하는 '기업이 추구하는 인재'는 사실은 인사과 및 인사관계자의
생각이다. 인사과의 구성원도 노동자이다. 인사과가 다른 부서와 다른 점
은 경영진으로부터 끊임없이 우수한 인재채용과 능력개발을 요구받고 있다
는 것이다. 같은 노동자라고 하더라도 경영진에 가장 가까운 곳에 있는 인

[그림 3-5] 기업이 요구하는 인재와 직장인의 자기인지

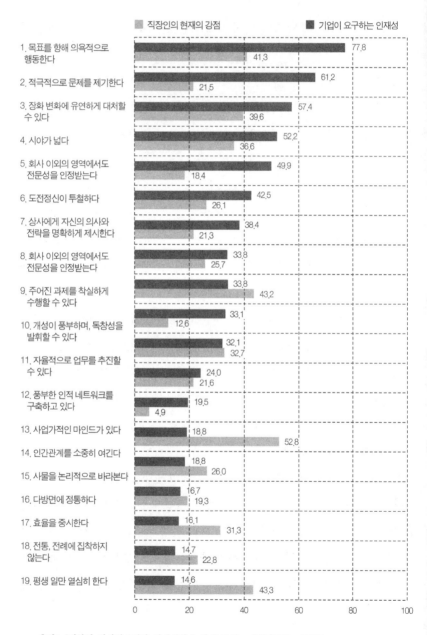

■ 직장인의 현재의 강점          ■ 기업이 요구하는 인재성

1. 목표를 향해 의욕적으로 행동한다 — 77.8 / 41.3
2. 적극적으로 문제를 제기한다 — 61.2 / 21.5
3. 정화 변화에 유연하게 대처할 수 있다 — 57.4 / 39.6
4. 시야가 넓다 — 52.2 / 36.6
5. 회사 이외의 영역에서도 전문성을 인정받는다 — 49.9 / 18.4
6. 도전정신이 투철하다 — 42.5 / 26.1
7. 상사에게 자신의 의사와 전략을 명확하게 제시한다 — 38.4 / 21.3
8. 회사 이외의 영역에서도 전문성을 인정받는다 — 33.8 / 25.7
9. 주어진 과제를 착실하게 수행할 수 있다 — 33.8 / 43.2
10. 개성이 풍부하며, 독창성을 발휘할 수 있다 — 33.1 / 12.6
11. 자율적으로 업무를 추진할 수 있다 — 32.1 / 32.7
12. 풍부한 인적 네트워크를 구축하고 있다 — 24.0 / 21.6
13. 사업가적인 마인드가 있다 — 19.5 / 4.9
14. 인간관계를 소중히 여긴다 — 18.8 / 52.8
15. 사물을 논리적으로 바라본다 — 18.8 / 26.0
16. 다방면에 정통하다 — 16.7 / 19.3
17. 효율을 중시한다 — 16.1 / 31.3
18. 전통, 전례에 집착하지 않는다 — 14.7 / 22.8
19. 평생 일만 열심히 한다 — 14.6 / 43.3

0    20    40    60    80    100

출처: 「일본적 인사시스템과 인재개발에 관한 조사」, 『리크루트』, 1995.

사부서의 노동자와 일반 노동자 간에는 서로의 역할이 상이함으로 인해 이 정도까지 인재상에 다른 생각을 가지게 된다.

기업에 취직하려는 대학생에게도 환경을 보는 힘, 환경 속에서 무슨 능력을 발휘할 것인가를 생각하는 힘, 그리고 그것을 실행으로 옮겨가는 힘이 기대되는 것이다. 일반적으로 말하면 '전체 상황을 꿰뚫어 보는 힘'이 요구된다는 것이다.

일본 경제의 재구축과정에서 상장기업 가운데 50만 명을 넘는 사람이 본인의 의사와 상관없이 퇴직, 파견, 전출 등을 경험했다. 방송 및 언론매체에서 말하는 정리해고(구조조정)이다. 그 중에서는 일부 금융기관과 같이, 근무처가 아예 없어진다거나 기업 간 합병을 통해 일자리가 없어지는 경우도 있다. 아직 경제시스템 및 기업의 구조조정은 끝난 것이 아니라 여전히 진행형이다.

일본의 경제가 성장과정에 있는 때는 많은 기업이 경쟁적으로 신규 졸업자를 채용해 왔다. 신규 졸업자의 채용이 계속됐던 배경에는 기업 내의 연령구성이 일정하게 유지되도록 하기 위한 배려도 있었다. 말하자면 인원구성의 피라미드형 유지이다. 이것은 즉 연공서열 승진시스템의 유지이기도 하다.

일본에서는 오랫동안 여성은 기업 내의 승진대상에서 제외되어 있었다. 따라서 기업구조가 남성중심으로 이루어져 있었기 때문에 연공서열 승진시스템을 유지할 수 있었다라는 측면도 있다. 연공서열 승진시스템은 지속적으로 적재적소에 인원배치를 실시하고 있지 않으며, 잉여인원을 떠안고 있는 시스템이기도 하다.

거품경제가 붕괴하고 기업조직도 재구축 요구에 직면하게 되었다. 더불어, 생산과 서비스의 경쟁이 국제적인 수준이 되면, 각 기업은 효율성 높은 합리적인 인사제도를 채택하지 않을 수 없게 된다. 기업의 합종연횡이 활발하게 이루어지게 되면 최고경영자는 말할 것도 없고, 각 영역을 담당하고 있는 최고책임자는 세 명에서 한 명으로 줄어들게 된다. 세 명이던 인사부장도 한 명으로 줄어들게 된다.

최적임자가 최적의 자리에 배치된다고 하는 너무나도 당연한 원리가 일본의 기업사회에서는 최근에 들어서야 조금씩 침투되기 시작한 것이다. 이와 같은 현상이 관료기구에서도 나타나기 시작했다. 관료기구의 경우는 경제적인 합리성을 추구해서 얻어진 것은 아니지만, 경찰관료의 승진시스템도 몇몇 지방경찰본부의 조직적인 부패 및 비리사건을 계기로 최적의 인사시스템을 모색하고 있다.

연공서열에 따른 승진승격시스템의 붕괴에 수반하여 연공서열에 따른 임금체계의 수정요구가 대두되었다. 연공서열에 기초한 임금체계는 극단적으로 말해 연령서열이다. 회사발전의 공헌, 장래를 위한 가치 있는 기초연구의 성과 여부와 상관없이 임금은 전부 연령에 따라 지급된다. 이러한 시스템도 각 기업의 실적이 늘어나고 기업규모가 확대되는 동안에는 연공서열 임금체계는 문제가 없었으며, 오히려 많은 종업원으로부터 환영을 받았다. 오늘날에도 노동자단체의 임금 개선에 대한 요구는 기본적으로는 연공서열 임금체계에 기초하고 있다.

직원이 연공서열의 임금체계를 환영하는 배경에는 정년까지의 종신고용이 많은 기업에 정착되어 있기 때문이다. 정년까지 근속했던 퇴직자에게 상당액의 퇴직금을 지불할 수 있는 것은 기업이 성장하여 직원수가 계속해서 증가하였기 때문이다. 여러 사람이 상대적으로 소수인 정년퇴직자의 퇴직금을 부담하는 것은 그다지 어려운 일이 아니었다. 그러나 최근 들어 퇴직금을 포함해 직원의 임금은 각 개인의 성과와 공헌 정도에 따라 차등화되는 방향으로 변화하고 있다. 성과와 공헌에 따라 지급되는 급여는 말할 필요도 없이 매년 달라지게 된다.

또 한 가지 큰 변화는 근무의 아웃소싱(outsourcing)이 급속하게 진행되고 있다는 것이다. 대학에서도 청소, 경비, 전화교환, 식사서비스, 자동차 운전 등 몇 개의 분야에서 아웃소싱이 진행되어 왔다. 그러나 최근 기업에서는 경리, 인사, 총무의 일부 등 종래는 한 기업관리부문의 중핵이라고 여겨져 왔던 업무의 아웃소싱이 진행되고 있다. 정형화된 업무는 처리능력이 높은 전문기관에 위임하여 비용을 절감하며, 직원들은 판단을 요하는 업무와 제조적인 업무에 집중하려고 하는 것이다. 즉 각각의 업무를 기획・실행 확인하는(plan-do-see) 순환시스템에서 실행(do)을 가능한 아웃소싱하고, 기획하고 확인하는(plan and see) 시스템으로 재구축하려는 것이다.

대학생이 취직과 장래의 경력개발을 생각하지 않으면 안 되는 것은 특정 업무와 특정기업에 집착해서는 안 된다는 것이다. 어떤 기업에 취직을 해서 계속해서 경리업무에 종사하고 싶다는 생각을 가지고 있어도 그 업무가 아웃소싱될 경우 다른 기업으로 자리를 옮겨 경리업무를 계속하든지, 그 기업에 남아서 다른 업무에 종사하는 판단을 요구당하기 때문이다. 여러 가지 변화에 유연하게 대응할 수 있는 경력개발의 관점이 요구된다고 하겠다.

## 4. 교육기관의 청소년 지원

'구인수가 늘어나면 취업률도 올라갈 것이다'라는 인식을 가진 대학관계 자가 적지 않다. 이러한 인식은 대략 20년 전부터 변화해 왔던 오늘날의 채용과 취직구조가 잘못 이해되어 온 부분에서 출발하고 있다.

각 연구실 또는 학과사무실에 구인요청이 오면 자연과학계열의 일부 연구실을 제외한 나머지는 물론 각 대학의 구인요청은 채용결정을 의미하는 것이 아니다. 또한 오늘날에는 대학에 구인이 있는지 없는지에 상관없이 취직을 희망하는 90% 이상의 대학생이 전자메일 등을 통해 구인정보를 얻고 있으며, 취직희망 의사표시 등을 하고 있다.

오늘날과 같이 취직환경이 어려운 상황에서는 가령 취직희망 학생수의 10배를 모집한다 하더라도 학생의 태도나 의욕을 바꾸지 않는 한 여전히 문제는 남아 있다. 취직세미나, 면접시험 등 채용여부를 결정하는 장소에서 그들이 보이는 태도와 취업의욕 부족, 그리고 직업의식의 미성숙한 측면이 드러나게 되면 그러한 학생은 최종도달점인 채용까지 이르지 못하게 된다. 구인수가 많고 적음에 관심을 쏟는 대학과 그 관계자는 어떻게 하면 학생의 직업적 성숙을 도모할 것인가라는 근원적인 과제를 간과하고 있는 것이다.

고등학생은 '취직을 위한 길잡이와 상담을 충실히 수행하고 있는' 대학에 진학하고자 하는 경향이 해마다 높아지고 있다. 고등학생이 가지고 있는 취직지도 및 취직상담의 이미지는 그다지 구체적이지 않다. 고등학생은 대학 선택시 자신의 능력·적성·흥미에 맞는, 그리고 취직가능성이 높은 대학인지의 여부 정도 등에 대해 고민한다.

여기서 말하는 취직지도는 많은 대학에서 실시하고 있으며, 보다 실제적인 것에 가까워지고 있다고 생각한다. 그러나 학생들의 취직지도강좌 및 세미나 참가율은 많은 대학에서 그다지 높지는 않다. 각 대학의 취업상담실장에 따르면 낮은 곳에서는 20~30%의 학생밖에 참가하지 않으며, 게다가 참가율도 매년 저하하는 경향에 있다고 한다.

취직지도에 참가한 대학생 중에서는 첫 번째 취업지도를 위한 자리에서

'당신의 취직 여부는 당신의 책임입니다'는 말을 듣고 크게 '실망한' 이들도 있었다. 명백히 말해 틀림없이 자기책임이다. 그러나 학생들이 취직 여부가 자기책임이라는 점을 마음으로부터 인식할 수 있는 환경이 유감스럽게도, 교실에도 학교 내에도 준비되지 않은 대학이 적지 않다. 1학년 또는 2학년부터의 경력개발 지원이 축적됨으로써 취업활동의 단계에 이르러서 자기책임이라고 말하는 것이라면 상관없지만, 사전에 아무런 기초적인 지원도 없이 취업을 위한 지도강좌에서 느닷없이 취업 여부는 당신의 책임입니다라는 말을 듣게 되는 학생은 불안에 휩싸일 수밖에 없다.

청소년은 어떻게 하면 자신에게 적합한 직업을 발견할 수 있을지를 잘 모른다. 자신의 소질이 무엇인지, 어떠한 직업이 있는지, 자신의 소질과 직업이 잘 부합되도록 하기 위해서는 어떠한 준비를 해야 하는지를 잘 모른다. 반대로 말하면, 이러한 작업이 18세가 되기 전까지 충분히 이루어졌다면, 청소년의 상당수는 지금과 같이 대학에 진학하지 않았을지도 모른다. 청소년들은 '세상을 잘 모르겠다. 일의 세계는 거의 모른다'라는 이유로 대학에 진학했다는 점에 깊이 있게 고민해야 할 것이다. 청소년들의 실태를 보여주는 자료의 하나로 총무성의 「노동력조사」가 있다. 2004년 4~6월의 평균치로 완전실업자수는 321만 명이었으며, 그 가운데 15~24세 청소년이 66만 명을 차지하고 있었다. 그들이 '일을 하지 않는 이유'로 들고 있는 것은 '원하는 직종이나 내용의 일이 없기 때문'이라고 하는 응답이 42%로 압도적으로 높았다. 상당수의 청소년은 직업세계를 둘러보고 '자신이 희망하는 직종 및 내용의 일'을 결정하는 것이 아니라, 극히 빈약한 경험과 정보를 통해 자신의 희망직업을 결정하는 것은 아닌가 하는 생각을 하고는 한다.

현실적으로 '학생이 제대로 준비하지 않기 때문에 취업상황이 좀처럼 좋아지지 않는다'고 한탄하는 대학의 취업담당자가 상당히 많다. 취업담당자뿐만 아니라, 대학교직원의 급여는 그러한 제대로 준비하지 않는 대학생(보호자)의 등록금을 통해 지급된다는 점을 잊어서는 안 될 것이다.

문부과학성은 계산상의 이야기이지만, 2009년에 '전국민 대학생' 시대가 도래할 것이란 예상을 2007년으로 앞당겼다. 몇몇 명문대학을 제외하면 자신이 희망하는 대학에 입학할 수 있는 시대가 오면 대학선택의 기준은 한꺼번에 변화할 것으로 생각되며, 그러한 기준의 하나가 '취직'이 될 것이다. 그렇게 되면 향후 수년 내에 취업상황에 따른 대학의 차별화가 진행될 것이다. 상장기업과 저명한 기업에 수많은 학생이 취직하는 것에는 별로 가치는 없다. 오늘날 취직자 가운데 3년 사이에 남자 28.5%, 여자 44.9%가 첫 직장을 떠나고 있다([그림 3-6]). 남자라고 하더라도 1/3에 가까운 숫자가, 여자들은 거의 반 수 이상이 첫직장을 3년 이내에 그만둔다는 수치를 대학관계자들은 어떻게 바라보고 있는가.

이러한 상황에서는 앞으로는 어떤 기업의 면을 자랑할 것이 아니라, '입사한 이 가운데 90% 이상이 3년이 지나도 활기차게 일하고 있습니다'라는

[그림 3-6] 대학졸업자의 이직률

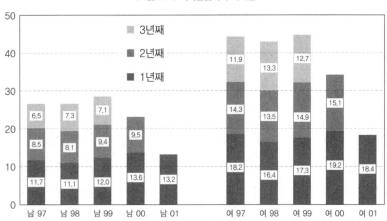

출처: 후생노동성 노동시장센터 업무실

대답을 할 수 있는 기업이 이상적인 기업이 될지도 모른다. 대학에는 취직 지도의 재구축과 유용한 경력상담체계의 구축이 요구된다고 하겠다. 또한 거품경제기까지는 기업에도 어느 정도 여유가 있었으며, 교육훈련은 입사 후에 이루어졌으나, 오늘날에는 '자기개발'의 시대라고 하여 직무수행능력 은 노동자가 개인적으로 몸에 익히도록 변화하였다. 외국어, 재무 등 전문 기능에 그치지 않고 회사원이 대학원에서 새롭게 공부를 하는 것도 개인적 차원에서 이루어지게 되었다.

## 5. 기업 · 단체의 청소년 지원

대학 취업지원과의 약점은 기업실태를 충분히 파악하고 있지 못하다는 점이다. 구조적 대전환의 과정에 있는 기업을 전체적으로 파악하기란 그리 쉬운 일은 아니다. 또한 다수의 사업분야에 진출해 있는 기업의 전체상을 이해하는 것 또한 쉬운 일이 아니다. 복잡하며 세분화되어 있는 기업에서는 실제로 근무하고 있는 사람들조차도 다른 부서 및 계열사를 거의 모르는 것 이 실정이다. 그렇다고 해도 이처럼 기업의 구조가 복잡 · 세분화되어 있기 때문에 청소년이 기업실태를 잘 모른다는 사실을 당연시해서는 청소년의 직업세계 지식과 정보는 늘어나지 않는다.

중학교 진로지도에서는 지역사회에서 활동하는 기업인의 협력을 얻어 청 소년이 몇 명씩 그룹을 지어 몸소 일터를 돌아보고 자신의 경험을 서로 이 야기하는 사례가 전국 각지에서 이루어지고 있다. 고등학교 차원에서는 이 러한 직업현장의 체험기회 제공이 실업계학교에서만 이루어지고 있다. 즉, 인문계고등학교를 다니고 대학 및 전문대학 등의 고등교육기관에 진학하는

대다수의 청소년은 자신이 취직할 때까지 직업세계에 아무런 경험과 지식
을 가지지 못하게 된다.

그렇다고는 하지만, 현실적으로는 많은 대학생이 아르바이트를 경험하
고 있다. 아르바이트를 하고 있는 직장과 취업을 희망하는 기업 사이에 괴
리가 크기 때문에 아르바이트를 하는 도중에 자신들이 아르바이트를 하는
기업의 전체상과 자신이 속한 업무부문에 관심을 기울이는 대학생은 극히
드물다. 안타깝게도 대학생이 약간의 관점만 바꾸는 것으로도 아르바이트
가 상당히 유익한 체험이 된다는 것을 학생도 대학관계자도 인식하고 있지
못하고 있는 것 같다.

일본에서는 1997년 미국의 대학에서 실시한 인턴십을 도입하려고 했다.
여기서 말하는 인턴십이란 교사와 의사의 인턴과는 다른 일종의 체험학습
이다. 인턴십은 일찍이 통산성·노동성·문부성이 거창하게 제창했지만,
사회과학·인문학계열의 대학생은 인턴십의 혜택을 거의 받지 못했다. 기
업이 적극적으로 인턴을 받아들이려고 하지 않았기 때문이다.

확실히 인턴의 도입에는 많은 부담이 따른다. 제대로 하려고 할수록 인적
부담이 커진다. 제대로 실시하여 일정 부분 성과를 거두려고 하면 2주 또는
4주 정도의 기간이 필요하다.

비록 2주간이라고 하더라도 학생은 스펀지와 같아서 모든 것을 흡수한
다. 처음에는 어떻게 해야 할지 몰라 우왕좌왕하다가도 시간이 흐름에 따라
자신이 해야 할 일을 이해하기 시작한다. 그와 더불어 의욕도 높아진다. 2
주간의 인턴은 시간적으로는 80시간에 해당한다. 이 시간은 예습과 복습시
간을 포함하여 2학점짜리 강의보다 더 긴 시간이다. 게다가 인턴의 시간들
은 연속적이며, 상당 부분 성과를 거둘 수 있다는 것이 어쩌면 당연한 것인
지도 모른다.

인턴십에는 많은 비용이 들기 때문에 기업이 비용부담에 부정적으로 접근하는 것이 어쩌면 당연할지도 모른다. 대학, 전문대학 그리고 고등학교 여부와 상관없이 교육기관 내부에서는 달성하기 힘든 일을 기업이 사회구성원으로서 지원 역할을 수행하는 것도 기업의 존재가치이다.

청소년의 기업, 산업, 직업의 이해를 지원하는 것은 인턴십뿐만이 아니다. 각 기업에 근무하는 사람이 고등학교 및 대학에서 그들의 직업세계에 대한 생생한 체험을 청소년에게 전달하는 방법도 있다. 말하자면 일종의 방문강의라고 할 수 있는데, 기업은 1주일 가운데 반나절 정도의 시간을 할애하여 고등학교 및 대학에서 사회봉사의 일환으로 그들의 직업세계 경험을 전달하는 것도 유익한 활동이 아닐까 하는 생각을 해 본다. 2000년 현재 직장에 근무하고 있지는 않지만 퇴직한 지 얼마 안 되는 분에게 위탁해서 「경력개발세미나」를 개설한 대학도 있으며, 상당 부분 성과를 거두고 있다.

단지 앞에서도 언급한 바와 같은 기업이나 관공서에 근무하는 어른이 자신이 근무하는 일터와 근무내용을 청소년에게 보여줄 수 없으며, 아울러 설명할 수 없다고 하는 태도는 용납될 수 없다. "요새 청소년들은……"하고 쓴소리를 하기 전에, 자신의 마음과 자세를 바로하여 국가의 장래를 짊어질 청소년과 그들을 육성하는 교육기관으로서의 지원을 적극적으로 하는 것이 기업의 사명일 것이다.

# 노동시장의 젠더 구성

**19**99년 6월, 「남녀공동참여사회기본법」(男女共同參畵社會基本法)이 시행되었다. 이 법률의 전문(前文)에 의하면 이것은 "남녀가 상호 인권을 존중하며, 책임을 분담하고, 성별에 상관없이 개성과 능력을 충분히 발휘할 수 있는 남녀공동참여 및 기획사회"의 실현을 위해 제정되었다. 이러한 목표를 가지고 정치, 경제, 사회, 문화 등의 여러 영역에 걸쳐 '남녀공동참여 및 기획'을 향한 프로젝트가 진행되고 있다. 제4장에서 다루게 될 노동시장 또한 이 프로젝트의 대상이 되고 있다. 예를 들면, 1985년에 제정, 그 후 1997년에 개정된 「남녀고용기회균등법」은 고용분야에서의 여성차별, 즉 모집이나 채용, 배치, 승진시의 여성차별을 금지한 법인데, 이것은 노동시장에서의 '남녀공동참여'를 목표로 하는 것이다. 그렇다면, 이 프로젝트는 노동에서의 남녀평등을 이루어낼 수 있는 것인가? 또한 여기에는 어떠한 문제가 잠재되어 있는가? 제4장에서는 노동을, 젠더(gender)라는 약간은 민감한 시각에서 바라보는 것으로서, 이 문제의 해답을 모색하고자 한다.

# 1. 젠더의 시점에서 본 노동

이 장에서는 노동을 젠더(gender)라는 다소 민감한 시점에서 고찰한다. 젠더란 "생물학적 성별을 의미하는 섹스(sex)와는 구별된 사회, 문화적 성별"을 말한다. 따라서 젠더라는 다소 민감한 시점이란 남녀가 서로 다른 상황에 놓여 있거나, 서로 다른 경험을 하며 살아간다고 했을 때, 그 차이를 사회 · 문화적으로 형성된 것(젠더)으로 분석하는 입장이다. 바꿔 말해, 젠더를 편성하고 있는 규범이나 제도 등의 사회현상을 분석대상으로 하는 시점이라고 할 수 있다. 이러한 시점에 기초하여 노동을 이야기할 때 노동에서의 젠더편성을 말하는 것이 가능해진다. 따라서 앞에서 소개한 남녀공동참여 · 기획사회를 향한 프로젝트가 어떠한 목표를 지향하며 노동에서의 젠더를 재편성하는지, 또 어떠한 문제를 안고 있는지를 생각해 보고자 하는 것이다. 제1절에서는 노동을 젠더라는 다소 민감한 시점에서 본다는 것이 무엇을 의미하는지 설명하고자 한다.

많은 사람은 노동이라면, 아마 사무실이나 공장에서 하는 작업을 상상할 것이다. 아니면, 농업에 종사하는 사람의 농사일이나, 편의점이나 식당에서 접객행위를 하는일 등을 떠올릴지도 모른다. 이러한 노동관(勞動觀)은 인간이 하는 여러 가지 활동 중에서 화폐로 교환된 상품이나 서비스를 생산하는 것을 노동이라고 보는 시각에 바탕을 두고 있다. 노동을 젠더라는 다소 민감한 시점에서 본다는 것은 우선 이러한 의미로서의 노동에서 남녀 간의 차이를 알아보는 것이다. 그렇다면 남녀 간에는 어떠한 차이가 존재하는 것일까?

첫 번째로 여성은 남성보다 노동에 종사하는 비율이 낮다. 노동의 가장 기본적인 자료로는 노동력비율(勞動力率)이 있는데, 이것은 15세 이상의 인구가 차지하는 노동인구의 비율을 나타내는 것이다. 또한 여기서 노동력이란 어떠한 형태로든 취업을 한 사람과 완전실업자를 말하며, 비노동력이란 가사를 돌보거나 학교에 재학중인 자, 병이나 장애 등의 여러 가지 사유로 취업을 하지 않는 사람을 말한다. 2002년의 노동력비율을 보면 남성이 74.7%인 데 비해, 여성은 45.8%로 전체적으로는 낮은 수치를 나타내고 있다(內閣府編『男女共同參畵白書(平成15年度版)』國立印刷局, 2003, p.165). 따라서 노동이란 여성보다는 남성이 떠맡는 활동이다.

두 번째로 일반적으로 여성의 임금은 남성보다 적다. 노동시장에서 여성이 놓여 있는 상황은 남녀 간의 임금격차에 의해 가장 잘 표현되고 있다. 시간제 취업노동자를 제외한 상용근로자의 소정내급여액(정기적으로 지급되는 급여에서 잔업수당을 제한 것)에서 1998년에는 남성을 100으로 했을 경우, 여성은 66.5%이다(勞働省女性局編, 『女性勞働白書(平成11年版)』, (財)21世紀職業財團, 2003, p.16). 그리고 1980년에는 남녀 간의 격차가 58.9%였기 때문에 남녀 간 임금격차가 점진적으로 좁혀지고 있다고는 하지만 25년 동안에 큰 변화가 있었다고 말하기는 어렵다.

세 번째로 성별직업영역 분리라는 노동시장에서의 성별분업이 있다. 이것은 성별에 의해 직업이나 일이 불균등하게 배분되는 것을 나타내기 위해 사용되는 개념이다. 여기에는 수평적 분리와 수직적 분리의 두 가지가 있다. 수평적 분리란 여성노동자가 간호사 등의 몇몇 직종에 집중하여 여성직(女性職)을 형성하는 것, 남성노동자가 의사나 변호사 등의 남성직(男性職)

을 형성하는 현상이다. 일반적으로, 남성직이 여성직에 비해 소득이 높다. 수직적 분리라고 하는 것은 남녀가 같은 직종에 있는 경우에 관리직이나 고임금의 상위직을 남성이, 일반사무직이나 공장직공과 같은 저임금의 하위직을 여성이 차지하는 상황을 말한다. 종합직과 일반직으로 형성되는 이른바 코스별 고용관리는 이러한 수직적인 성별분리를 지지하는 제도이다. 이러한 노동시장의 성별직업영역의 분리형태는 남녀 간 임금 격차의 원인이며, 특히 수직적 성별분리가 최대의 요인이라고 여겨진다(『男女共同參畵白書(平成15年度版)』 pp.24~26).

네 번째로 남성의 임금에는 가족을 경제적으로 부양할 수 있는 가족임금(family wage)이라는 사고가 반영되어 있는 데에 반해, 여성의 경우는 그러한 생각이 배제되어 있다. 남성의 임금은 부양가족의 수나 가족의 경제적 요구(needs)증대에 부합하여 50대까지 계속적으로 상승하지만, 여성의 임금은 30대 전반에서 정지한 채 계속해서 평행선을 그린다(井土輝子·江原由實子編『女性のデータブック(第3版)』有斐閣, 1999, p.107). 그렇기 때문에 남녀 간의 임금격차도 연령에 따라 달라진다. 20대 전반에는 여성의 임금이 남성의 90% 정도인데, 30대 전반부터는 격차가 벌어지기 시작하여, 30대 후반에는 70%로 저하하고, 더 나아가 45세 이상이 되면 50%대로 크게 떨어진다(『男女共同參畵白書(平成12年度版)』, p.54). 이렇듯 남성의 임금상승곡선에는 이른바, 아버지의 역할, 남편의 역할이라는 사고방식이 크게 작용하고 있다.

다섯 번째로 여성의 연령별 노동력비율에는 라이프사이클이 크게 반영되어 있는데 반해, 남성의 경우 라이프사이클의 영향이 적다. 노동력비율을 연령대별로 분류하여 제시하고 있는 [그림 4-1]을 보면, 여성의 경우는 10대 후반에서 20대 전반에 걸쳐 노동력비율이 상승하며, 많은 여성의 육아기간이 되는 30대 전반까지 20% 정도가 감소한 후, 다시 완만하게 상승한다. M자형 곡선이라는 이러한 노동력비율의 특징을 남성에게는 볼 수 없다. 남성의 경우에는 오히려 사다리꼴로 나타난다. 또한 단시간취업자의 비율에 주목하면, 여성은 W자에 가까운 형상이고, 특히 30~40대에 급상승한다. 따라서 여성은 출산, 육아를 계기로 비노동력화되지만, 육아기간이 끝날 즈음에는 단시간 노동자로서 또다시 노동력화하는 경향이 보인다.

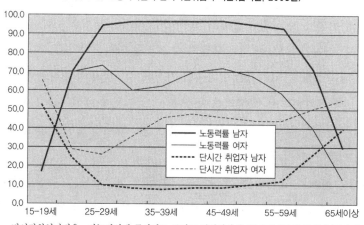

〔그림 4-1〕 노동력비율과 단기시간취업자 비율(남녀별, 2003년)

주:   단시간취업자비율＝비농림업에 종사하는 주평균 취업시간이 35시간미만인 종사자/종사자 총수
출처:  총무청 「노동력 조사」에 의거 작성.

그런데 지금까지 보아 온 것은 화폐와 교환되는 상품이나 서비스 생산활동에서의 젠더이다. 이러한 영역에 한정하여 이야기기하면 여성은 남성에 비해 노동활동에 종사하는 비율이 낮다고 할 수 있다. 하지만 젠더라는 다소 민감한 시점에서 노동을 볼 때에는 사정이 달라진다. 여성의 노동시간이 8시간 30분인 데 비해 남성의 노동시간은 7시간 46분으로, 여성이 보다 더 긴 시간 노동활동에 종사하고 있다(久場嬉子・竹信三惠子, 『「家事の値段」と

は何か』, 岩波書店, 1999, p.7). 여기에서는 가정 내에서의 가사나 육아, 간호 등에 소요되는 시간을 노동시간으로 계산하여, 가사노동에 소요되는 시간에서는 남성이 31분, 여성이 4시간 41분으로 큰 격차를 보이기 때문이다. 가정 내의 가사나 육아, 간호 등의 활동을 노동이라고 보는 것은 이들의 활동이 앞에서 서술한 노동, 즉 화폐와 교환되는 상품이나 서비스의 생산활동과 중요한 공통점을 갖고 있기 때문이다. 히멜와이트(Himmelweit, S.)에 의하면, 우선 이러한 활동은 여가활동과는 다르게, 그것 자체가 목적이 아니라, 다른 사람의 목적을 위해 시간과 에너지를 소비하는 활동이다. 그리고 이러한 활동은 사회적 분업의 일부이며, 사회의 종속을 위해 필요한 활동이다. 나아가, 이러한 것은 본래 누가 그것을 하였는지가 문제가 아니라, 다른 사람이 할 수 있는 활동이다. 즉, 가정에서의 가사 등은 노동에서 화폐로의 교환이라는 차원을 제외한 활동이다. 그 때문에 페미니즘적 관점에서는 이러한 활동은 임금이 지급되지 않는 노동, 즉 '무상노동(unpaid work)'이라고 한다.

한편, 화폐와 교환되는 상품이나 서비스의 생산활동은 '유상노동(paid work)'으로 보고 있다. 하지만 어떤 활동이 유상노동인지 무상노동인지는 그 활동내용에 따라 결정되는 것은 아니다. 어디에 속하는지 결정하는 것은 그 활동이 시장에서의 교환 대상이 되는가, 그렇지 않은가에 있다(上野千鶴子, 『家父長制と資本制』, 岩波書店, 1990, pp.31~38). 예를 들면 가정에서 식사준비를 하는 것은 무상노동이지만, 식당에서 똑같은 작업을 하면 유상노동이 된다. 즉, 같은 내용의 활동일지라도 무상노동이 될 수도 있고 유상노동이 될 수도 있다는 것이다. 따라서 지금까지 무상노동이었던 것이 유상노동이 되거나, 그 반대로 무상노동이 유상노동이 될 수도 있다.

그리하여 무상노동이 유상노동으로 재편성될 때 또는 그 반대로 유상노동이 무상노동으로 재편성될 때, 노동의 성별분업은 변화한다. 왜냐하면 무상노동의 많은 부분을 여성이 담당해 왔기 때문이다. 유상노동에서의 성별분업이 변화하여 여성이 남성수준으로 취업을 한다면, 다른 한편에서는 가정에서의 무상노동의 일부는 가정의 외부에서 조달되어 유상노동으로써 재편성된다. 예를 들어, 이미 발달된 외식산업은 그러한 현상을 잘 나타내 주고 있다. 한편 유상노동에서의 성별분업 변화는 가정 내의 무상노동 성별배분을 변화하게 한다. 실제로 여성취업자와 무직자를 비교하면, 여성취업자의 경우 무상노동으로 소비하는 시간이 하루 약 3시간이나 짧은 4시간 33분이다(『男女共同參畵白書(平成13年度版)』 p.44). 즉, 유상노동에서의 성별분업 변화도 유상노동과 무상노동의 재편성과 연결되어 있다는 이야기 이다.

이상으로 젠더라는 다소 민감한 시점에서 노동을 본다는 것은 노동시장에서의 노동(유상노동)이라는 성별분업에 주목하는 것뿐만 아니라, 노동이 또 하나의 요소인 가정에서의 노동(무상노동)이라는 성별분업에 주목하는 일이다. 이것을 바꿔 말하면, 성별분업에 주목하여 유상노동과 무상노동의 편성된 모습을 고찰하는 것이다.


## 2. 저성장시대의 고용유동화와 성별분업

제2절에서는 젠더의 시점에서 저성장 경제시대에서 일어나고 있는 현재의 고용유동화에 초점을 맞추고자 한다. 왜냐하면 이러한 상황에서 '남녀공동참여 사회'를 목표로 하는 국가적인 프로젝트가 실시되고 있기 때문이다. 또한 제1절에서 설명한 바와 같이 유상노동에서의 성별분업 변화는 무상노

동에서의 성별분업 변화와 연결되어 있다. 그 때문에 노동시장에서의 고용
유동화는 성별분업이나 무상노동의 재편성으로 연결되어 있다. 제2절에서
는 고용유동화에 수반되는 성별분업과 무상노동의 편성방향성을 이야기하
고자 한다.

선진공업국가들은 1970년대 두 차례의 오일쇼크를 전기(轉機)로, 경제
의 재구조화를 경험하였다. 1960년대까지는 대량생산과 대량소비의 양호
한 순환을 배경으로 경제성장을 달성하고 있었으나, 1970년대 이후의 성
장률저하, 실업률상승, 물가나 환율변동은 고도성장의 종말을 의미하였다.
자본주의의 급속한 국제화와 국민경제의 상호침투, 신흥공업국가의 맹렬
한 추격 등으로 안정적인 성장기반이 되었던 대량생산과 대량소비의 연결
은 위기를 맞이하게 된 것이다. 나아가 소비자의 욕구가 다양화·세분화되
면서 국내소비시장이 단편화(斷片化)된 것도 이 연결이 끊어지는 요인이 되
었다(Hagen and Jenson, Paradoxes and Promises, Hagen et al. (eds.),
Feminization of Labor, Policy Press, 1987).

이러한 경제환경에서 기업은 이윤의 유지·확대를 위해 경영합리화, 효
율화를 위한 전략을 모색하게 되었다. 제2절에서 주목하는 고용유동화는
임금억제나 기계자동화와 함께 기업이 채택한 대응전략이다. 이 전략하에
중·장년층을 중심으로 한 여성은 시간제 노동인력으로 동원되었다. 여성
이 대부분을 차지하는 '파견'이라는 고용형태 또한 이러한 기업전략의 일환
이다. 거품경제와 그 붕괴를 거쳐 이러한 경향은 점점 더 강해지고 있다. 취
업구조기본조사에 의하면, 1992~2002년의 10년 간, 시간제 취업, 파견
과 같은 비정규고용이 고용자 전체에 차지하는 비율은 37.4%에서 50.7%
로 급속하게 증가하였다(남성은 8.9%에서 14.8%). 또한 '단시간고용자'(주
간 취업시간 35시간 미만인 자)도 1985년에는 333만 명이었는데, 그 숫자가

급증하여 2002년에는 835만 명에 달했다. 그와 같은 결과 여성고용자 중 단시간고용자가 차지하는 비율은 22%에서 39.7%로 크게 늘어났다.(『女性勞働白書(平成14年版)』, p.21).

이러한 고용형태는 한편으로는 기업전략에 의해 재편성된 노동시장의 분단을 나타내는 것이며, 『장시간노동·저임금·비정규·무권리의 시간제 고용』(大澤眞理, 『企業中心社會を越えて』, 時事通信社, 1993, pp.171~172)이 중·장년 여성에게 배분되어 있다고 할 수 있다. 하지만 이러한 고용형태는 노동시간을 '자유롭게' 재편성할 수 있기 때문에 '여성의 욕구'에 적합한 것이기도 하다. 세대(世帶)수입이나 생활수준의 유지·상승이 가정의 목표일 때 가장 위험부담이 적은 방법은 주된 돈벌이를 남성이 하고, 보조적인 돈벌이와 가사노동을 여성이 담당하는 '성별역할분업형'의 가족이다. 제1절에서 살펴본 것처럼, 유상노동에서의 성별분업이나 임금의 성별격차가 존재하는 경우, 남성이 육아나 간호를 위해 직장을 그만두는 것보다는 이러한 타입의 가족경영이 '경제합리적'이다(大澤, 前揭書, pp.119~120). 따라서 이러한 '자유'로운 취업형태는 '여성의 욕구'에 부합되는 경우가 많으며, 아울러 '가족의 욕구'에 적합한 것이기도 하다.

'가족의 욕구'에 적합한 선택을 행하는 것은 기혼여성뿐만 아니라, 미혼여성에게도 똑같이 적용된다. 하지만 그녀들이 파견노동이나 시간제 노동 등의 주변적인 노동시장에 참여하는 것은 '가족의 욕구'에 직면해서가 아니라 오히려, 정형화된 직무나 저임금, 전망 없는 경력 등 여성이 근무를 계속하기 힘들게 만드는 노동조건이 직접적인 요인으로 작용한다. 그러나 외부시장에의 참여가 그다지 위험부담을 수반하지 않는다고 하면, 그것은 안정적인 수입원을 확보한 남성의 경제적 의존을 예측하기 때문일 것이다. 여성이 '자유'로운 취업형태로 유도되는 배후에는 성별분업을 전제로 한 '여성의 욕구'가 있다는 것이기도 하다.

그런데 기업의 효율화전략은 노동시장의 분단(分斷)과 함께 여성까지도 분단되고 있다. 1970년대 중반 이후에는 일부 업종에서 능력주의적 인사관리가 도입되었는데, 이것은 근속기간(勤續期間)이 장기화되는 여성을 '활용'하려는 것이었다(木本喜美子, 「女の仕事と男の仕事」, 鎌田とし子·矢澤澄子·木本喜美子編, 『講座社會學 14 ジェンダー』東京大學 出版會, 1999). 나아가『남여기회균등법』이 시행된 1985년 이후, 4년제 대졸여성의 일부는 남성과 똑같은 지위달성과정에 편입되었다. 이러한 과정을 배경으로 여성노동력은 '엘리트'와 '다수(mass)'로 분단되었다(竹中惠美子, 「變貌する經濟と勞働力の女性化 ― その日本的特質 ―」, 竹中惠美子·久場嬉子編, 『勞働力の女性化』, 有斐閣, 1994). 1978~2002년의 20여 년 동안 시간제 여성 노동자의 임금과 일반여성노동자의 임금격차는 여성일반노동자를 100%로 할 때, 78%에서 64.9%로 변화하고 있으며(『女性勞働白書』(平成 14年度版), p.24), 여성 간 임금격차가 확대되고 있음을 알 수 있다. 일하는 여성과 일하지 않는 여성간의 단층뿐만 아니라 일하는 여성 내에서도 단층이 있고, 그 격차는 점차 벌어지고 있다.

노동시장에서의 여성 간 격차확대와 함께 남성에서도 고용유동화의 파도가 그 영향을 미치고 있음을 간과해서는 안 될 일이다. 거품경제 붕괴 후에 계속되는 불황 속에서 실업률이 5% 정도까지 악화되어, 신규졸업자의 취직률 저하와 함께 능력주의나 성과주의와 같은 이념이 존중받게 되었다. 종신고용이나 연공임금과 같은 제도는 노동자의 경쟁을 방해하는 것으로 여겨지게 되었다. 이는 노동시장에서 격차 확대라는 경향이 남성에게도 해당한다는 환경이 형성되기 시작했음을 의미한다. 신규졸업자의 취업률저하에는 본인의 의지와 상관없는 실업뿐만 아니라, 자발적으로 '무업자', '프리터'를 선택하는 이들도 적지 않다. 어쨌든 오늘날 여성뿐만 아니라, 남성도 유동적인 고용노동력의 일부가 되어 가고 있다.

고용유동화에 수반되는 노동시장에서의 격차확대는 무상노동이나 성별 분업과 어떠한 관련성이 있는 것일까? 이 내용을 생각할 때, 소득의 세대(世帶) 간 격차확대를 염두에 둘 필요가 있다. 만약, 노동시장에서 여성 간의 격차뿐만 아니라 남성 간에 격차가 앞으로도 진행된다면, 결혼을 매개로 하여 보다 큰 세대 간의 격차로 귀결된다고도 생각된다. 물론, 이는 결혼시장에서의 매칭(matching)에 영향을 받는 문제이다. 하지만, 결혼시장에서의 배우자선택이 종래와 마찬가지로 동질적 그룹 내에서 이루어진다면(志田基與師 · 盛山和夫 · 渡邊秀樹, 「結婚生活の變容」, 盛山和夫編, 『日本の階層システム4, ジェンダー · 市場 · 家族』, 東京大學出版會, 2000), 정규고용을 확보한 커플집단과 비정규고용 커플집단이 형성됨으로써 이들 간에 단층이 발생될 가능성이 있는 것이다.

이러한 세대 간 소득격차의 확대는 직접적으로는 유상노동의 편성이나 배분에 의해 발생되는 문제이다. 하지만 이것은 무상노동의 편성이나 배분에 관계되는 문제이기도 하다. 경제적으로 우위에 있는 세대는 상품, 서비스의 구입으로 가사노동의 많은 부분을 외부화하여, 무상노동의 실질적인 부담을 최소화할 수 있다. 이런 점에서 세대 내에서의 성별분업은 해소방향으로 향할 가능성을 가지고 있다. 특히, 정규고용을 확보한 커플에서는 이 경향이 강하게 나타날 것이다. 한편 경제적으로 열위에 있는 저소득세대는 가사노동을 상품, 서비스의 구입으로 대체할 수 없기 때문에, 여전히 무상노동을 강요받을 것이다. 따라서 무상노동의 분담을 둘러싼 문제, 즉, 일과 가정 모두를 책임져야 할 많은 여성이 직면해 온 노동의 이중부담 문제가 계층과 관련되어 첨예화(尖銳化)될 것으로 예상된다.

## 3. 남녀공동참여 · 기획사회와 성별분업

마지막 절에서는 남녀공동참여 · 기획사회를 목표로 한 국가적 프로젝트
의한 노동정책을 젠더의 관점에서 살펴보고자 한다. 앞 절에서 서술한 고용
유동화와 그에 수반되는 무상노동의 재배분이라는 상황 속에서 이 프로젝
트는 전개된다. 그렇다면, 여성이 개인으로서 자신의 능력을 발휘할 수 있
는 사회를 염두에 두고 있는 이 프로젝트는 성별분업의 재편, 즉 유상노동
과 무상노동의 재배분을 어떠한 방향으로 전개할 것인가. 그리고 거기에는
어떠한 문제가 내포되어 있는 것일까.

우선 이 국가적프로젝트의 노동정책 내용에 대해 몇 가지 확인해 두고자
한다. 그것은 먼저 「남녀고용기회균등법」을 개정함으로써 지금까지 권고사
항에 지나지 않았던 모집·채용과 배치·승진에서 여성차별을 금지하며, 「노
동기준법」의 개정에 의해 여성노동자의 시간 외 · 휴일노동, 심야노동 규제
를 해소하여 여성의 직무영역 확대를 도모하고 있다. 게다가 「육아·간호휴
업법」(育兒·介護休業法)은 노동자에게 자녀가 1세가 될 때까지의 기간에 육
아휴업을 취득할 권리와 연속해서 3개월을 한도로 간호휴업을 취득할 수 있
는 권리를 부여하고 있다. 한편, 기업(사업주)에게는 육아휴업·간호휴업을
취득한 노동자의 해고를 금지함과 아울러, 이 법에 따른 육아휴업제도와 간
호휴업제도의 설치가 의무화되었다(『男女共同參畵白書(平成15年版)』,
pp.98~102).

단지, 이러한 노동시장 개입을 통해 여성이 직면하고 있는 불이익 상황
을 개선하려는 것만은 아니다. 가족 또한 그 대상이 된다는 점이 중요하다.
1994년에 문부(文部)·후생(厚生)·건설(建設)·노동(勞働)의 합의에 의해
책정된 「천사계획」(angel plan)은 대장(大藏), 자치(自治) 두 성(省)을 더한

「신(新)천사계획」에 계승되어, 직업생활과 가족생활의 양립이 가능하도록 하기 위해 저연령 아동의 시간제 보육서비스와 연장보육(延長保育) 등 보육 서비스의 충실과 상담지원체제의 정비 등을 과제로 하고 있다(전게서, pp.105~110). 또한 1999년에는 간호(介護)보험제도가 실시되어 고령자 의 간호를 둘러싼 새로운 간호시스템이 확립되었다. 이러한 가족정책은 육 아노동이나 간호노동이라는 무상노동의 분담을 둘러싼 문제로의 개입이라 고 할 수 있다.

따라서 남녀공동참여 및 기획사회를 목표로 하는 프로젝트는 노동시장에 서 여성의 차별을 배제하며, 지금까지 여성에게 유상노동의 장애물이었던 무상노동을 줄임으로써 여성의 능력발휘를 도모하는 것이라고 할 수 있다. 바꿔 말하면, 유상노동의 능력주의적 배분이라는 규칙을 여성에게도 적용 할 것을 촉구하는 정책이다. 이런 식으로 파악한다면 이 프로젝트는 노동의 성별분업을 크게 변화시킬 것으로 기대된다.

그러나 이러한 사회구상이 어떠한 역사적 사태의 대응인가에 주목한다면 또 다른 측면이 부상하게 된다. 이러한 내용을 문제시하는 것은 여성의 능 력발휘를 목표로 하는 정책이 반드시 성별분업의 해체로 연결된다고는 할 수 없기 때문이다.

예를 들면 전시(戰時)에는 여성의 노동참여는 장려되었으며, 실제로도 증 가했다. 뿐만 아니라 전후(戰後)에 실시하기 시작한 보육사업 등 가족정책 이 실시 내지는 구상된 것도 이 시기였다. 표면적으로는 이러한 정책을 성별 분업의 해체로 가는 길을 연 「남녀평등정책」이라고 볼 수도 있다. 그러나 이 것은 노동력부족을 보완하기 위해 비노동력 상태에 있던 여성의 노동력화 를 추진한 국가의 노동전략에 지나지 않았다고 평가되고 있다. 우에노치즈 코(上野千鶴子)(「出生率低下 : 誰の問題か」, 『人口問題研究』 54-1, 1998)에 의

하면 1950~1960년대의 보육소 확충은 전시계획의 연장으로서 「여성노동력을 활용하기 위한 노동정책」에 지나지 않는다. '남자는 업무에, 여자는 가정'이라는 성별규범에 기초한 사회가 형성되던 시기에 여성의 재생산능력을 손상시키지 않고 생산능력을 끌어내는 것은 총력전과 그 이후의 고도성장을 달성함에 있어 시급한 과제였던 것이다.

그렇다면 21세기를 바라보며 구상된 공동참여기획 프로젝트는 어떠한 문맥속에서 검토되어야 하는 것일까? 극단적으로 말하면 그것은 인구구조의 저출산고령화(少子高齡化)에 따른 노동력부족·간호의 증대이다. 우선 저출산고령화의 양상을 『高齡社會白書(平成11年度版)』(內閣府編, 2003)를 통해 살펴보자. 평균수명의 연장과 출생수·출생률 저하에 따른 인구구조의 변화는 가파른 속도로 진행되고 있다. 그 결과 2000년 이후 15~64세 인구는 줄어들 것으로 보인다(p.10). 1989년의 「1.57쇼크」 이후에도 합계특수출생률은 계속해서 저하했으며, 2001년 시점에서 1.33인으로까지 떨어졌다(p.8). 이것은 30년 후의 30세 인구가 현재의 60% 정도로까지 줄어듦을 의미한다. 한편 65세 이상의 인구 비율을 나타내는 고령화율은 1995년의 14.5%에서 2015년에는 25%를 넘을 것으로 추정되고 있다(p.3).

여기에서 문제가 되는 것은 자녀수 감소에 의해 초래된 노동력 부족현상이다. 단 '저출산·고령화가 노동력부족현상을 야기한다'라는 예측에는 누구를 노동력으로 계산해야 하는지에 대한 정치적 판단이 포함되어 있다. 잠재적으로는 노동력에 포함될 수 있지만, 이민노동자는 고려대상이 아니다. 또한 기업이 다국적화되어 있는 현재 노동력인구를 국내거주의 노동력인구로 여기는 견해도 비현실적인지 모른다.

어쨌든 '저출산·고령화가 노동력부족을 야기한다'라는 인식은 『高齡社

會白書』에서 명백하게 드러난다. 이러한 인식에서 도출된 타개책으로 '고용·취업에서 여성의 능력발휘'와 출생률저하의 대응으로서 '자녀양육지원' 등이 있다. 즉, 남녀공동 참여기획을 목표로 하는 시책은 '고령사회에 대비한 대책'으로서의 위치도 함께 갖고 있는 것이다. 이렇게 생각하면 이 프로젝트 또한 고령화에 따른 노동력부족이라는 난국을 극복하기 위해 여성의 생산능력과 재생산능력을 동원하려는 국가의 경영전략이라고 볼 수 있을 것이다.

아울러 이러한 국가전략이 여성의 능력동원='사회참여 · 기획'을 도모하는 것만은 아니다. 지금까지 가정에서 부담해 온 무상노동(육아·가사·간호)을 가정 외부로 끌어내어 유상노동으로 재편하는 것이기 때문이다. 그리고 이 핵심에 있는 것이 간호 서비스이다. 저출산 · 고령화 노동력부족을 초래했다고 볼 수 있을 뿐만 아니라 다른 한편으로는 사회보장급부나 공적 내지 사적인 간호서비스의 증대를 예상하게 한다. 추계(推計)에 의하면 2020년에는 75세 이상(후기고령자) 인구가 65~74세(전기고령자) 인구를 상회한다(p.3). 게다가 요간호(要介護) 고령자수는 1993년의 200만 명에서 2010년에는 390만 명, 그리고 2025년에는 520만 명으로 크게 증가할 것으로 추정된다(「高齢社會白書(平成11年版)」 p.71).

이처럼 증대할 것으로 예상되는 간호부담에 따른 대처에는 원칙적으로는 세가지 선택이 가능하다. 첫 번째는 공공화(公共化)이다. 이것은 간호부담을 공적 기관이 제공하는 서비스에 의해 꾸려나가는 방법이다. 두 번째는 시장화(市場化)이다. 이것은 간호서비스 상품을 시장에서 조달하는 방법이다. 세 번째로 무상노동화인데, 종래 간호의 양상, 즉 가족이 간호를 부담하는 방법이다. 2000년 4월에 실시된 간호보험제도는 재원을 공공화하면서, 간호서비스의 공급을 시장원리에 맡기는 것이다. 따라서 이 제도는 지금까지 무상노동이었던 간호활동을 유상노동으로 재편하는 것이라고 할 수 있다. 물론 임금노동화라고 하는 경향은 시장화·상품화에 의해 진행되어 온 것이지만, 이 제도의 특징은 공공적인 재원을 사용함으로써 그것을 단숨에 가속화한다는 점에 있다.

아마도 이러한 간호서비스의 공공화·시장화는 여성의 '사회참여' 및 기획을 촉진할 것이다. 이것은 무상노동으로서의 간호활동을 경감시킴으로써 여성의 노동력화를 촉진시켰다고 생각되기 때문이다. 그러나 여성의 사회참여 및 기획은 다른 경로를 통해서도 진행된다. 즉, 그것은 임금노동화된 간호활동을 담당하는 고용노동력으로서 사회참여 및 기획을 담당하게 된다는 경로이다.

여기에서 간호보험제도에 의한 간호서비스의 공급이 시장에 맡겨지고 있다고 하는 것이 가지는 의미는 작지 않다. 왜냐하면 간호노동의 공급을 시장원리에 맡긴다는 것은 간호노동의 편성이 기업 간의 경쟁에 말려들어 결과적으로 저렴한 노동력 수요의 증대로 연결되기 쉽기 때문이다. 노동을 수행하는 이들은 그 노동이 어떻게 편성·조직 되는가에 관계되어 있다. 따라서 만일 간호활동이 남녀공동 참여·기획사회 프로젝트에 의해 동원된 여성이 담당하기에 '적당한' 노동으로서 편성된다면 간호의 실태는 종래와 비교하여 크게 달라지지 않은 채로 여성이 그 담당자가 될 것이다(杉本貴代榮, 『ジェンダーで讀む福祉社會』, 有斐閣, 1999). 이러한 노동시장에서 성별영역 분리가 재형성된다고 해도 이 프로젝트가 고령사회대책의 일환이었던 점을 돌이켜본다면 이것은 결코 예상하지 못한 바는 아니다.

지금까지 살펴본 바와 같이 남녀공동 참여·기획사회를 향한 프로젝트는 종래 가정 내에서 이루어져 온 무상노동을 유상노동으로 재편하는 것이다. 그렇지만 그 핵심에 있는 간호부담만을 가지고 보아도 그 모든 것이 공공화

될 리도 없고, 공공화되지 않은 채 남겨질 부분이 발생하리라는 점은 틀림없다. 이 부분에서는 시장화된 간호서비스의 구입과 가정 내에서의 무상노동화를 통해 대처하지 않을 수 없다. 이런 선택의 여지 가운데 무엇을 고르고 어떻게 편성해 나가야 할 것인가 하는 문제는 각 가정의 '자유선택'에 맡겨져 있지만 간호서비스의 구입이 세대의 구매능력에 의존하고 있는 이상, 경제적으로 열악한 상황에 놓여 있는 가정에서는 공공화되지 않고 남은 부분이 무상노동으로 대체될 수 밖에 없다.

그렇다면 무상노동화되는 간호활동이나 가사는 누가 담당하게 되는 것일까. 만일 여성을 무상노동의 담당자로 만드는 모든 사회적 조건이 방치되면 무상노동의 배분을 둘러싼 다음과 같은 문제가 발생될 것이다. 능력주의적인 정책에 의해 여성의 노동력화를 진척시키는 프로젝트는 한편에서 구매력을 갖춘 여성이 무상노동의 상당 부분을 외부화하는 것을 용이하게 한다. 다른 한편에서는 이처럼 외부화된 노동을 여러 형태로 떠맡는 여성에게는 무상노동을 외부화하는 것이 곤란한 상황에서 유상노동을 끌어안는다는 노동의 이중부담 문제가 보다 선명한 형태로 나타날 것이다. 그리고 이것은 앞 절에서 검토한 고용유동화가 미치는 문제, 즉 여성 간 격차확대와 그에 따르는 저계층 여성의 이중부담 문제를 경감시키기는커녕 오히려 반대로 부담을 증가 및 확대시키는 측면이 남녀공동 참여·기획사회를 향한 프로젝트 전반에 깔려 있음을 의미한다.

그런데 본 장에서 검토해 온 고용의 유동화나 남녀공동 참여·기획사회를 향한 노력은 지금까지 개인이 획일적인 삶의 방식을 강요받아 온 것을 부정적으로 파악하는 개성존중의 사고방식에 기초하고 있다. 그리고 최근 일본 사회에서 이러한 사고방식이 상당히 강조되어 왔기 때문에 개인은 어떠한 라이프스타일을 선택할 것인가 하는 물음에 직면하게 된다. 특히 청소년은 노동시장에서 '주변적인' 위치를 차지하고 있기 때문에 이러한 물음에 대답을 찾기가 쉽지 않다. 물론 '개성'에 따라 자유롭게 선택한다는 것은 매우 중요하다. 그러나 본 장에서 논의해 온 것처럼 고용유동화나 남녀공동참여·기획사회를 향한 노력이 격차확대와 무상노동이나 재생산노동의 불균등적인 배분으로 연결될지도 모른다면 이러한 경제적인 문맥에서 그 선택이 어떠한 귀결을 우리들에게 (또한 사회에) 가져올 것인가를 이해해 둘 필요가 있을 것이다.

# 청소년들의 라이프스타일과 직업의식

**19** 90년대에 들어 일본에서는 연공서열·종신고용 등으로 대표되는 일본형 고용이 붕괴되고, 완전실업률의 상승, 고용상황의 악화 등이 심각해지고 있다. 이런 상황 속에서 청소년의 직업의식은 어떠한가?

제1절에서 여학생을 대상으로 한 조사결과를 바탕으로 미혼여성은 육아 책임이 강하며, 장래의 직업생활을 중단할 것으로 예측한 사람이 많다는 점, 이 때문에 장래의 남편들에게 안정된 직업생활을 요구하는 경향이 강하다는 점을 명확하게 규명하고자 한다. 한편 이처럼 여성으로부터 기대를 받고 있는 미혼 남성에 눈을 돌려보면 그들 가운데 직업생활과 가정생활, 여가생활의 균형을 중시하며, 전직을 긍정적으로 생각하고 있는 사람이 많다. 중장년층에서 나타나고 있는 것처럼 그들은 기업에 대한 충성이나 일 중심의 생활에서 탈피하고자 하는 경향이 매우 강하다. 이상과 같이, 청소년 사이에 장래의 결혼상대에게 바라는 라이프스타일이나 직업의식에서의 괴리가 존재함을 지적할 수 있다.

제3절에서는 이러한 괴리를 중장년층에서 나타나고 있는 것처럼 남녀 간의 전통적 성별분업관과는 다른 성질의 것이란 점을 검토하고자 한다. 청소년 세대에서 전통적 성별역할분업관의 의식은 약해지고 있으며, '육아는 어머니가 맡아야 하는 것이다'라는 육아관을 가지고 있지는 않지만, 현실적으로는 성별분업을 지속할 수밖에 없을 것으로 예측하는 사람이 많다. 남녀간 의식의 괴리의 배경에는 육아담당에 기초한 분업은 어쩔 수 없다는 의식이 깔려 있다. 육아지원을 위한 정비와 확충은 청소년 세대의 평등한 라이프스타일이나 직업의식을 뒷받침하게 될 것이다.

## 1. 여자청소년의 직업의식 – 육아와 직업 양립의 곤란

일본 여성노동의 특징은 연령별 여자노동력 비율이 여러 선진국과 비교
해서 M자형 곡선을 그린다고 볼 수 있다(勞働省女性局, 『働く女性の實情
1998』, (財)21世紀職業財團, 1998). 이러한 M자형 곡선은 20대 전반 여성
의 노동시장 참가와 육아부담으로부터 어느 정도 벗어난 여성의 노동시장
(재)진입이라는 두 요인으로, 일본에서 여성의 직업경력 형성에 결혼, 출산
및 육아가 강한 영향력을 미치고 있는 것으로 보인다(日本勞働硏究機構, 『女
性のキャリア意識と就業構造に關する調査』, 1997). 게다가 이러한 배경으로서
는 대다수의 현대 일본 여성이 가족 내의 전통적 분업 및 부부 간의 전통적
역할을 지지하고 있어, 집안에서도 육아의 전통적인 가치관이 일본 여성의
노동시장 진출에 장애요인으로 작용하고 있다고 할 수 있겠다(Stockman,
N., Bonney, U., and Sheng, X., *Women's Work in East and West : the Dual
Burden of Employment and Family Life*, UCL Press, 1995). 필자가 실시한 조
사결과에서도 가사 또는 육아에 전념하고 있는 대다수의 여성이 노동시장
에 (재)진입하고 싶어 하거나, 강한 직업적 열망을 가지고 있으면서도 여성
의 아내나 어머니로서의 역할에 의한 제약으로 인해 노동시장에서의 진출
이 제한되고 있음을 알 수 있었다(松村幹子, 「キャリア形成途上段階女性の雇
用市場退出と一時退出の判別」, 『敎育社會學硏究』 第61集, 日本敎育社會學會,
1997). 이처럼 일본 여성의 취업상황은 육아로 대표되는 가족책임의 제약

과 영향이 강함을 알 수 있다.

여기서 젊은 세대의 여성에게 눈을 돌려보자. 필자는 도쿄에 본부를 둔 A여대 3학년 전원(1,495명) 및 부모를 대상으로 1998년에 우편을 이용하여 설문조사를 실시했다(村松幹子, 「女子學生のライフコース展望とその變動」, 『教育社會學研究』 第66集, 日本教育社會學會, 2000). 회수된 조사표는 813부(여학생용 설문지, 아버지용 설문지, 어머니용 설문지 3종류가 한 세트)이며 유효회수율은 54.5%였다. 응답한 여학생의 80% 이상이 대학졸업 후에 풀타임(full time)으로 취직하기를 희망하고 있다. 라이프코스 전망에 대한 설문에서 가족생활을 통해 경험하는 결혼, 출산과 같은 라이프 이벤트와 취업경력의 이벤트(취직, 퇴직, 재취업)를 조합한 A~J의 여러 가지 라이프코스 전망패턴에서 한 가지를 선택하도록 하였다. 이를 근거로 '근속형'(결혼·출산에 신경을 쓰지 않고 일을 계속), '재진입형'(출산으로 일을 그만두어, 육아 후 다시 일을 시작), '퇴직형'(결혼이나 출산으로 인해 일을 그만둠), '무직형'(직업을 구하지 않음)의 네 가지 패턴으로 분류하였다([그림 5-1]의 「라이프코스 전망패턴」). 결혼이나 출산 등의 가족 라이프 이벤트는 반드시 모든 여성이 설문지에 작성한 대로 할 것이라고 생각하지는 않지만, 여기서는 가족생활과 직업생활의 조화의 측면에 주목하여 여성의 라이프코스 전망의 파악을 목적으로 하고 있기 때문에 이런 패턴을 설정해 두었다. 그 결과 '이상(理想)'적인 라이프코스 전망으로서는([그림 5-1]의 '이상') 44.1%가 '재진입형'을, 39.6%가 '근속형'을 희망하고 있었으며, 직업경력을 갖는 코스를 희망하고 있는 이들이 83.7%에 이른다. '퇴직형'은 16.2%, '무직형'을 선택한 이는 없었다. 역시 '이상'적인 라이프코스 전망 가운데 결혼이 포함되어 있지 않은 패턴을 선택한 결혼하지 않을 지도 모른다는 5.0%(39명), '결혼' 및 '출산'이 포함되어 있지 않은 패턴을 선택한 '출산하지 않을지도 모른다'는 10.5%(82명, '결혼

하지 않는다' 39명 포함)였다. 이들의 대부분이 '근속형'의 패턴에 속해 있다.

여학생의 직업생활이나 가정생활에 대한 가치관은 위에서 언급한 여학생의 '이상'적인 라이프코스 전망패턴에 의해 상이한 경향을 나타내고 있다. '근속형' 라이프 코스 전망을 가진 여학생은 "자유로운 시간이나 가정생활을 충실히 하는 것보다도 보람을 갖고 일을 하고 싶다", "희망하는 대로 취직이 되지 않는다고 하더라도, 끝까지 희망에 맞는 직업을 찾겠다"고 대답한 이가 많은 한편, '퇴직형' 라이프코스 전망의 이들은 "끝까지 자신의 희망에 맞는 직업을 먼저 찾겠다"는 이가 5.6% 뿐이어서, 취직활동의 자세에도 차이가 나타났다. '재진입형' 라이프코스 전망 가운데 대부분은 "취직의 이유는 삶의 보람을 얻기 위해서", "육아휴업제도 등 여성이 일하기 쉬운 제도"를 중시하고 있었다. 이런 경향은 '근속형'에서도 나타나고 있지만, '퇴직형'에서는 이들이 '꼭 맞다'고 응답한 이들이 상대적으로 적었다.

가정생활 항목에서는 '퇴직형' 라이프코스 전망을 택한 이들 가운데 결혼, 출산 등의 라이프 이벤트를 '20대'에 경험하고 싶다고 한 이가 많다는 점, 장래의 남편에게 "안정된 회사에 근무할 것"을 요구하고 있다는 점, "남자는 밖, 여자는 안"이나 "자녀 양육은 어머니가 아니면 안 된다"라는 전통적인 성역할의 분업관에 찬성하는 이가 많다는 점을 특징으로 들 수 있다. 이와는 대조적으로 '근속형' 라이프코스 전망을 택한 이들은 전통적인 성별역할 분업관에 대해 부정적인 태도를 취하고 있으며, 장래의 남편에게도 "여성의 일을 이해해 줄 것"을 원하는 이가 98.0%를 차지하고 있다. 이처럼 여학생의 취업생활, 가정생활의 가치관이나 성별역할 분업관은 '이상'적인 라이프 코스 전망패턴에서의 경향성에서도 차이가 나타난다. '근속형' 라이프코스 전망을 가진 여학생은 직업경력을 중시하며, 직업선호 요건이나 장래의 남편에게 원하는 것으로서 일을 계속 하는 것에 유리할 것 등과 같은 항목을 선택한 이들이 많았다. 한편 '퇴직형' 라이프코스 전망을 가진 이는 결혼, 출산, 육아라는 가정생활에 라이프 이벤트나 아내와 어머니로서의 가족책임을 중시하고 있었다. '재진입형' 라이프코스 전망을 택한 이들은 이 두 패턴의 중간에 위치하며, 일도, 가정도 중시하고자 하는 성향이 강한 것으로 나타났다.

〔표 5-1〕 여자청소년의 라이프코스 전망 　　　　　　　　　(단위: %)

| 라이프코스 전망패턴 (W: 일, M: 결혼, C: 출산) | | | 이상 755 | 실제 751 |
|---|---|---|---|---|
| 근속형 | A | 결혼안한다 / 직장생활 계속한다 | 39.6 | 26.9 |
| | B | 결혼은 하되 출산은 안한다 / 직장생활 계속한다 | | |
| | C | 결혼하며 출산한다 / 직장생활 계속한다 | | |
| 재참가형 | D | 결혼하며 출산한다 / 결혼해서 직장을 떠나, 육아에 전념후 재취업한다 | 44.1 | 41.7 |
| | E | 결혼하며 출산한다 / 출산으로 직장을 떠나, 육아에전념후 재취업한다 | | |
| 퇴직형 | F | 결혼은 하되, 출산은 안한다 / 결혼으로 직장을 그만둔다 | 16.2 | 31.0 |
| | G | 결혼하며 출산한다 / 결혼으로 직장을 그만둔다 | | |
| | H | 결혼하며 출산한다 / 출산으로 직장을 그만둔다 | | |
| 무직형 | I | 직업을 가지지 않는다 / 결혼한다.출산하지 않는다 | 0.0 | 0.5 |
| | J | 직업을 가지지 않는다 / 결혼하여 출산한다 | | |

출처: 村松幹子 「커리어형성단계에 따른 여성의 고복시장 퇴출과 일시적 퇴출의 판별」, 「교육사회학연구」 제61집(集), 일본교육사회학회, 1997년을 바탕으로 작성.

다음으로, 여학생의 '현실적 생활패턴'(이하 실제) 사항을 살펴보도록 하자. 본 조사에서는 앞에서 언급한 '이상적' 라이프코스 전망뿐만 아니라, '실제'에 대한 응답을 분석하였다. 여학생의 '이상'과 '실제'의 라이프코스 전망 변동을 보면([표 5-1]의 '실제'), '이상'에서는 39.6%를 차지하고 있는 '근속형'이 '실제'에서는 26.9%로 낮았으며, 그 대신에 '퇴직형'이 31.0%('이상'에서는 16.2%)로 높다. 이런 것처럼, 여학생의 라이프코스 전망은 '이상'과 '실제'에 상당한 차이를 보인다. 많은 여학생은 '실제'가 될 것 같은 라이프코스 전망으로서 '재진입형' 또는 '퇴직형'을 들고 있다. 도쿄 노동경제국(『平成 9年度 東京の女性勞働事情-企業と女子學生の就勞についての意識や行動のギャップに關する調査』, 1998)에 의하면 도쿄의 4년제 대학에 재학중인 여학생의 라이프코스 전망은 '근속형' 30%, '재진입형' 26%, '퇴직형' 5%, '상황판단형' 34%로 "그때 그때 상황에 맞추어 결정한다"라는 '상황판단형'이라고 응답한 이가 가장 많았다. 필자의 조사결과로도 '실제'가 될 것 같은 라이프코스로 여학생의 26.9%가 '근속형'을 선택했으며, 도쿄 노동경제국의 '근속형'과 거의 같은 비율이다. 또한 도쿄 노동경제국에서는 '재진입형', '퇴직형'이 적었지만, '상황판단형'은 많았다. 이것을 합계하면 본 연구의 분포와 유사하기 때문에 '이상적인' 라이프코스 전망과 '재진입형', '퇴직형'을 선택한 여학생 가운데는 상당수가 그때 그때의 상황에 따라 자신이 이상적이라고 생각하고 있는 라이프 코스의 취향을 현실과 타협할 가능성이 높다고 할 수 있을 것이다.

더욱이 이들의 변동성향을 살펴보기 위하여 '이상적' 라이프코스 전망패턴이 '부모와의 동거', '주위가 비협조적'이라는 제약에서는 어떻게 변화하는 것일까. 교차분석결과를 보면 '부모와 동거'의 경우에는([표 5-2]의 '부모와 동거') 90.4%가 '이상'이라 하더라도 이러한 제약에서도 '근속형'을 선택하고 있다. '이상'이 '재진입형'이었던 여학생의 39.3%가 '근속형'에, '이상'이 '퇴직형'이었던 여학생의 18.3%가 '근속형'에, 42.1%가 '재진입형'으로 직업경력 지향성이 강하다는 것을 알 수 있다. 자신의 부모와 동거하는 것은 여학생의 라이프 코스 전망상에 있어 노동시장에서 제자리를 유지하거나 노동시장으로의 재진입을 촉진하는 요인으로 작용한다는 점을 엿볼 수 있다. 한편, '주위의 비협조'라는 제약조건을 제시했을 때([표 5-2]의 '주위의 비협조') '이상'이 '근속형'이었던 이들 중 43.2%, '퇴직형'이었던 이들의 94.4%가 '퇴직·무직형'으로 선택을 변경하여, 이런 제약조건이 젊은 여성에게 직업경력을 단념하게 하는 요인으로 작용하고 있음을 알 수 있다.

　본 연구의 결과에서 여학생은 직업경력, 가족생활 양쪽에 강한 열망을 갖고 있지만, 그녀들의 라이프코스 전망은 앞으로 일어날지도 모를 남편이나 육아 등과 관련된 제약으로부터 영향을 받는 것으로 해석할 수 있다. 와키자카(脇坂明, 「コース別人事制度と女性勞働」, 中馬弘之·駿河輝和編, 『雇用慣行の變化と女性勞働』, 東京大學出版會, 1997)나 일본노동연구기구(『大卒者の初期キャリア形成 ―「大卒就職硏究會」報告 ―』, 1995)가 여성의 라이프코스 전망이 변하기 쉬움을 지적하고 있는 것처럼, 젊은 세대를 대상으로 한 본 연구에서도 그녀들은 현 단계에서는 외적인 제약에 직면해 있지 않음에도 불구하고 동일한 경향을 보이고 있다. 그 중에서도 육아에 대하여 주위의 지원을 얻을 수 있을 것인가의 여부가 여학생들의 라이프코스 전망에 큰 영향을 미친다고 할 수 있다. 여학생은 전통적인 성역할 분업관에는 부정적인 태도를 보이지만, 장래의 '육아는 어머니가'라는 육아에 강한 책임감을 갖고 있다. 이런 가족책임의 가치관이 조건에 따라 직업경력보다는 가족생활을 우선한다는 라이프코스 전망선택의 변동성을 갖게 한다고 해석할 수 있다.

[표 5-2] 여자청소년의 이상적인 라이프코스 전망의 제약조건에 따른 변동

| 제약조건 \ 이상적 라이프코스 전망 | | 근속형 | 재참가형 | 퇴직형 |
|---|---|---|---|---|
| 부모와 동거 | N | 302(100.0) | 336(100.0) | 126(100.0) |
| | 근속형 | 90.4 | 39.3 | 18.3 |
| | 재참가형 | 8.6 | 58.9 | 42.1 |
| | 퇴직형 | 1.0 | 1.8 | 39.7 |
| 비협력 | N | 292(100.0) | 332(100.0) | 126(100.0) |
| | 근속형 | 25.7 | 1.8 | 2.4 |
| | 재참가형 | 31.2 | 25.0 | 3.2 |
| | 퇴직·무직형 | 43.2 | 73.2 | 94.4 |

주:    이 표는 「이상적 라이프코스 전망」 과 「부모와 동거」 및 「비협력」의 두가지 항목을 교차표형
식으로 정리한 것임.
출처: 村松, 전게서, p.143

## 2. 남자청소년의 직업의식 – 일 중심의 생활탈피 욕구

앞에서는 여자청소년의 직업의식은 육아책임과 강하게 관련되어 있었으며, 선호하는 라이프코스 전망에 따라 결혼상대자에게는 '여성이 일하는 것을 이해' 또는 '안정된 직장을 가지고 있을 것'을 요구하는 경향을 보이고 있음이 확인되었다. 또한 이들의 의식은 가사나 육아에 대하여 주위의 지원을 얻을 수 있는가의 여부에 따라 크게 좌우되는 모습도 보였다.

그렇다면 현대 일본 남자청소년의 직업의식은 어떨까? 『국민생활 여론조사』(內閣府 總理大臣 官房廣報室, 2000)의 1999년 조사결과 가운데 20대 남성의 조사결과를 살펴보자. "사람은 무엇을 위해 일하는 것이 중요하다고 생각하는가?"라는 질문의 응답결과, '돈을 벌기 위해'(20대 남성 39.6%, 남성 전체 34.4%, 이하 수치를 2개 표시하는 경우는 모두 동일(20대 남성, 남성 전

체)), '자신의 재능이나 능력을 발휘하기 위해'(25.6%, 11.7%), ' 삶의 보람
을 찾기 위해'(24.1%, 32.0%), '회사의 일원으로서 업무를 수행하기 위
해'(9.2%, 19.2%)의 순이었다. 경제적 이유가 약 40%를 차지하여 상당히
높은 수치를 보이고 있기는 하지만, '자신의 재능이나 능력을 발휘하기 위
해'를 선택한 20대 남성이 남성 전체보다 약 14% 높았다. 한편, '삶의 대한
보람을 찾기 위해', '회사의 일원으로서 맡은 바 소임을 다하기 위해'는 각각
남성 전체보다 낮다. 더욱이 1997년 조사결과(内閣府 總理大臣 官房廣報室,
『國民生活に關する世論調査』, 1997)에서 '자신의 시간을 희생해서라도 업무
상의 인간관계를 소중히 하는 게 좋다'고 생각한 이들은 35.1%(남성 전체
44.1%), '일의 보람보다도, 신분이 안정된 일이 중요하다'고 생각하는 이가
28.6%(남성 전체 34.9%)라는 것에서, 남자 청소년에게는 중장년층에 비해
사회나 조직을 위해 일하는 것이나 신분의 안정성을 추구하는 의식이 그다
지 강하지 않음을 엿볼 수 있다.

또한 '이상적인 직업'을 조사한 결과에서는(内閣府 總理大臣 官房廣報室, 『國
民生活に關する世論調査』, 2000), '자신의 전문지식이나 능력을 발휘할 수 있
는 직업'(50.6%, 37.1%), '직장에서 즐겁게 일할 수 있는 직업'(49.4%,
31.5%), '수입이 안정되어 있는 직업'(45.2%, 52.2%), '높은 수입을 얻을 수
있는 직업'(15.5%, 10.0%), '실업 염려가 없는 직업'(14.9%, 18.7%), '세상
을 위해 일할 수 있는 직업'(10.1%, 16.4%), '건강을 잃을 걱정이 없는 직
업'(5.7%, 19.3%)의 순의 비율을 보이고 있다. 청소년은 중장년층에 비해
'안정적인 수입을 얻을 수 있는 직업', '실직 걱정이 없는 직업', '건강을 잃을
걱정이 없는 직업' 등과 같은 안정된 생활이 보장되는 직업보다는 '자기 자신
의 전문지식이나 능력'을 활용하여 '직장에서 즐겁게' 일할 수 있는 직업을
추구하는 것 같다.

이러한 것은 전직의식에도 영향을 미치고 있는 것으로 나타났다. '어쩔 수 없이' 전직할 수도 있다고 대답한 사람이 가장 많았으며, 반수에 가깝게 차지하고 있다. '전직하는 게 낫다'(10% 이상)와 '재능을 살리기 위해 적극적으로 전직'(약 20%)을 합치면 전직에 적극적인 태도를 보이는 청소년이 1/3을 차지하고 있다. 반면에 일본형 고용의 특징중 하나였던 '평생 한 직장에서 일을 계속한다'는 의식을 가진 사람은 20%를 조금 넘는다(總務廳靑少年對策本部編, 『日本の靑少年の生活と意識 ― 靑少年の生活と意識に關する基本調査報告書―』, 1997).

일과 여가의 균형에 관해서는(內閣總理大臣官房廣報室, 前揭報告書, 1997) '일과 여가 양쪽 모두 중요하다'라고 대답한 이가 반수(53.1%, 46.4%)를 차지하고 있다. 그 다음으로 '어느 한 쪽을 선택하라면 일보다는 여가를 즐긴다'(20.5%, 15.3%), '일보다는 여가를 통해 삶의 보람을 찾는다'(13.6%, 7.9%)를 모두를 합하면, 34.1%의 청소년이 일보다는 여가를 중시하고 있음을 알 수 있다. 반대로 '어느 한 쪽을 선택하라면 여가보다는 일에 전념한다'와 '일을 통해 삶의 보람을 찾으며, 일에 전력을 기울인다'를 합하면 11.4%로, 여가보다도 일을 중시하는 20대가 10% 정도이다. 전체 조사대상자 가운데 일을 중시하는 비율(27.1%)과 비교해 볼 때, 20대 남자청소년에서는 위의 세대보다도 일을 중시하는 경향이 약한 것이 확실하다.

청소년들이 바라는 라이프스타일을 살펴보면(內閣總理大臣官房廣報室, 前揭報告書, 1997), '가까운 사람과의 애정을 중시하며 살고 싶다'가 30%를 조금 넘는 것으로 가장 높은 비율을 보이고 있다. 다음으로 '하루하루를 소중히 하며 살고 싶다', '자신의 취미를 소중히 여기며 살고 싶다'가 각각 20%이다. 일에 관련된 항목으로 '경제적으로 풍족하게 살고 싶다'는 20%를 약간 넘었으며, '사회나 다른 사람을 위해 살고 싶다' 및 '좋은 업적을 남겨, 지위 또는 높은 평가를 받고 싶다'는 응답이 각각 10%에 미치지 못했다.

이상과 같이 남자청소년은 가까운 사람들과의 관계나 하루하루의 생활을 중시하는 반면에, 경제적인 풍요로움이나 사회에서의 지위에 그다지 집착하지 않는 모습을 보이고 있다. 중장년층의 특징인 기업에 대한 강한 충성심은 희박지고, 전직을 긍정적으로 여기는 사람이 많다. 청소년에게 일은 사회나 조직을 위해서라기보다는 어디까지나 자신의 재능이나 능력을 살리는 수단이라고 여기는 경향이 강하다. 그를 위해서는 필요하다면 안정된 직업생활을 추구하는 것보다도, 전직을 적극적으로 활용하고자하는 태도를 보이고 있다. 일 중심의 생활보다는 가족과 지낸다든지, 여가를 즐겁게 보낸다든지 하는 직업생활과 가정생활의 조화를 중시하는 청소년상을 엿볼 수 있다.

## 3. 육아지원 부족이 불러일으키는 성역할 분업관에 기초한 청소년의 직업의식

지금까지 여자청소년과 남자청소년의 직업의식에 대해 설명했다. 여자청소년은 앞에서 언급한 바와 같이 '이상적인' 라이프코스 전망패턴에 따라 직업생활이나 가정생활의 의식관에 차이를 보이고 있다. 예컨대 '이상적인' 라이프코스 전망이 '근속형'인 여학생은 장래의 남편에게 '여성의 일을 이해해 줄 수 있는 것'을, '퇴직형'의 여학생은 '안정적인 회사에 근무할 것'을 원하고 있다. 그러나 [표 5-2]에서 나타나고 있는 것처럼, '주위가 비협조적'인 경우처럼 육아지원을 받을 수 없는 상황이라면 '근속형'을 이상적으로 생각하던 여학생의 3/4 정도는 계속해서 일을 하는 것은 무리라고 생각하고 있을 것으로 추측된다. 즉 '퇴직형'을 이상적으로 생각하고 있는 이들과 마찬가지로 육아지원이 없을 경우 아내가 육아를 담당하며, 남편에게 유일한 가계지지자로서 역할을 기대하게 된다.

한편 제2절에서도 명확하게 나타나고 있는 바와 같이, 남자청소년의 직업의식에서는 중장년층과는 달리 일중심의 생활에서 탈피하고자 하는 경향이 있으며, 유일한 가계지지자로서의 역할에서는 물러나 있는 경향이 보인다. 이와 같이 남녀청소년 간에 역할기대에 차이가 존재함을 지적할 수 있다. 또한 이런 의식의 차이는 출산이나 육아에 크게 관련이 있는 것으로 생각된다. 여기에서는 청소년의 육아관을 '저출산화 의식조사'(總理府 廣報室, 『月刊世論調査』第31卷 10号, 大藏省印刷局)의 결과를 살펴본 다음 청소년의 역할기대의 차이를 규명하고자 한다.

우선 육아문제를 보면 남성은 '아이의 장래교육에 돈이 든다는 점'을 가장 힘든 문제로 여기고 있는 사람이 많은 반면, 여성은 '자신의 자유로운 시간이 없어지는 것', '자신이 생각한 대로 일을 할 수 없다'는 점을 드는 사람이 많다. 여기서도 필자의 조사결과와 마찬가지로, 출산이나 육아로 인해 어쩔 수 없이 퇴직 또는 휴직을 하게 되는 여성이 많다는 점을 확인할 수 있었다.

또한 '3세 정도까지는 낮시간에 '어디'에서 육아를 담당하는 편이 좋겠는가'라는 질문결과에서는 '주로 낮시간에는 자기 집이 좋다'를 선택한 사람이, 남녀 모두 그리고 모든 세대에서 70~80%를 차지했다. '3세 정도까지는 가정에서 부모 중 어느 쪽이 육아를 담당하는 편이 좋겠는가'라는 질문에는 '부모 양쪽이 협력하여 육아를 담당하는 편이 좋다'고 응답한 청소년이 가장 많았고, 18~29세 남성의 56.1%, 18~29세 여성의 66.1%로, 40대 이상의 세대보다 부부가 모두 육아를 담당해야 한다고 하는 자세가 보인다(30대 남녀 모두 60%, 40대 남녀 모두 50%, 50대 남녀 모두 40%정도, 60대 이상 남녀 모두 30%). '주로 엄마가 담당하는 편이 좋다'라고 응답한 사람도 18~29세 남성이 29.0%, 여성이 22.2%로, 중장년층에 비하면(30대 남녀 모두 30%, 40대 남녀 모두 약 40%, 50대 남녀 모두 50%, 60대 이상 남녀 모두 70%) 젊은 세대에게서는 육아의 성별 분업 의식이 사라져가고 있음이 명확하게 드러나고 있다.

그러나 일과 육아에 남성(남편)의 생활방식을 물어본 결과에서는(〔표 5-3〕의 「남성의 생활방식」), '일 우선', '일이 우선일 수밖에 없다'를 선택한 것을 합하면 18~29세 남성에서 51.2%, 18~29세 여성에서 56.4%를 차지하고 있다(30대 남성 60% 약간, 여성은 70%약간, 40대 남성 60% 약간, 여성은 약 70%, 50대 남녀 모두 약 80%, 60대 이상 남성 약 80%, 여성 약 90%). 마찬가지로 여성(아내)의 '생활방식'(〔그림 5-3〕 여성의 생활방식)에서 '아이가 우선일 수밖에 없다', '아이 우선을 선택'한 이는 18~29세 남성에서 69.5%, 18~29세 여성에서는 62.2%를 차지하고 있다(30대 남녀 모두 약 70%, 40대 남녀 모두 60%, 50대 남녀 모두 약 70%, 60대 남성 약 80%, 여성 약 70%). 중장년층에 비해 남녀 모두 비율은 낮지만, 남성에게는 일이 우선, 여성에게는 육아가 우선이라고 응답한 청소년이 남녀 모두 상당수 존재한다. 앞에서 살펴본 바와 같이, 3세 정도까지의 육아는 어머니가 담당할 수밖에 없다고 생각하는 사람이 그렇게 많지 않음에도 불구하고 현실에서는 어머니가 육아책임을 회피할 수 없는 사태에 직면해 있음을 보여 주고 있다.

이 결과를 통해 청소년의 라이프스타일이나 직업의식은 장래의 육아책임과도 밀접한 관련이 있음을 추측할 수 있다. 제2절에서 살펴본 남자청소년의 직업의식 경향은 여자청소년의 그것과는 다르다. 이미 젊은 세대에서는

성의 차이는 상당히 약화된 것으로 보인다. 오히려 제1절에서 살펴본 여학
생의 '이상적인' 라이프코스 유형 별 가치관의 차이에서 나타나는 것처럼,
성의 차이를 넘은 개인의 선호에 차이에 특징이 있다고 할 수 있겠다. 더욱
이 전체적으로 청소년의 특징으로 전통적 성별역할 분업관도 약화되었으
며, 부부가 서로 협력하여 가사 및 육아를 담당하고자 하는 의식을 가진 사
람이 많다는 점은 주목할 만하다.

그러나 육아라는 현실적 과제에 직면하게 되면 전통적 성별역할 분업관
에 반발하는 청소년이라도 남녀 모두 성별역할 분업을 '어쩔 수 없다'는 것
으로 받아들이며, 남성에게는 일 중심의 생활을, 여성에게는 가정중심의

[표 5-3] 일과 육아의 남녀별 의식조사 결과     (단위: %)

| | | 18~29세 | | 30~39세 | | 40~49세 | | 50~59세 | | 60세이상 | |
|---|---|---|---|---|---|---|---|---|---|---|---|
| | | 남성 262 | 여성 257 | 남성 227 | 여성 354 | 남성 314 | 여성 367 | 남성 317 | 여성 389 | 남성 519 | 여성 524 |
| 남성의 생활방식 | 일 우선 | 17.6 | 17.5 | 18.9 | 18.4 | 23.6 | 25.9 | 35.6 | 40.9 | 49.9 | 61.1 |
| | 어쩔수 없이 일우선 | 33.6 | 38.9 | 39.6 | 49.4 | 35.0 | 44.4 | 39.7 | 40.9 | 31.6 | 27.3 |
| | 일과 자녀양육 모두 가능토록 노력 | 40.1 | 39.7 | 33.9 | 29.4 | 34.1 | 25.1 | 22.1 | 16.7 | 15.2 | 9.4 |
| | 어쩔수 없이 자녀양육우선 | 4.2 | 1.6 | 3.1 | 0.8 | 2.5 | 0.5 | 1.3 | 0.3 | 1.3 | 0.6 |
| | 자녀양육 우선 | 1.1 | 0.8 | 1.8 | 0.3 | 1.3 | 0.3 | 0.3 | 0.3 | 0.4 | 0.2 |
| | 기타. 잘모름 | 3.4 | 1.6 | 2.6 | 1.7 | 3.2 | 3.8 | 0.9 | 1.0 | 1.5 | 1.5 |
| 여성의 생활방식 | 일 우선 | 0.8 | 0.4 | 0.9 | 0.8 | 1.3 | 1.1 | 2.2 | 1.3 | 0.6 | 1.5 |
| | 어쩔수 없이 일우선 | 1.5 | 0.8 | 1.3 | 1.4 | 2.5 | 1.1 | 2.8 | 2.1 | 1.3 | 2.3 |
| | 일과 자녀양육 모두 가능토록 노력 | 23.3 | 34.2 | 21.6 | 28.8 | 28.3 | 29.4 | 20.5 | 23.1 | 14.6 | 21.0 |
| | 어쩔수 없이 자녀양육우선 | 37.8 | 31.1 | 44.9 | 40.4 | 36.0 | 37.1 | 36.9 | 37.0 | 33.3 | 30.7 |
| | 자녀양육 우선 | 31.7 | 31.1 | 27.8 | 26.8 | 26.1 | 27.2 | 34.7 | 35.2 | 47.4 | 40.8 |
| | 기타. 잘모름 | 5.0 | 2.3 | 3.5 | 1.7 | 5.7 | 4.0 | 2.8 | 1.3 | 2.7 | 3.7 |

주: 1. 「일우선」: 자녀양육보다 일을 우선시해야 한다.
    2. 「어쩔수 없이 일 우선」: 자녀양육보다 어쩔수 없이 일을 우선시할 수밖에 없다.
    3. 「일과 자녀양육 모두 가능토록 노력」: 일과 자녀양육 모두 가능토록 해야 한다.
    4. 「어쩔수 없이 자녀양육 우선」: 일보다 자녀양육을 우선시 할 수밖에 없다.
    5. 「자녀양육우선」: 일보다 자녀양육을 우선시해야 한다.
출처: 총리청홍보사 「월간여론조사」 제31권 10호, 대장성인쇄국, 1999년

생활을 요구한다. 특히, 남녀 모두 이성에게 한층 전통적인 육아관과 그에
따른 직업의식의 선택을 요구한다. 이러한 점은 육아지원의 부족이 변화하
는 청소년의 의식을 전통적 성별역할 분업에 기초한 라이프스타일로 되돌
리는 작용을 하는 것으로 생각된다. 구체적으로는, 계속적으로 직업생활을
희망하는 젊은 여성이라도 육아지원이 없으면 직업생활을 계속해서 영위하
기가 곤란하며, 현실에서는 자신(어머니)이 육아책임으로부터 자유로울 수
없는 것으로 추측할 수 있다. 이러한 점은 직업생활을 계속하고 싶어 하는
아이를 둔 여성을 노동시장으로부터 퇴출시키는 요인으로 작용하게 되며,
그러한 결과 계속해서 직업생활을 영위하길 희망하지 않는 젊은 여성과 마
찬가지로 남성에게 가계(家計)유지를 위한 경제적 수입을 기대하게 되는 것
이다.

이러한 역할이 기대되는 젊은 남성에게는 일 중심의 생활에서 벗어나기
를 희망함에도 불구하고 유일한 가계지지자로서의 생활안정성이 요구된다
는 점과 연관되며, 앞에서도 지적한 바와 같은 의식의 차이를 만들어 낸다.
이처럼 남녀 간의 역할기대 차이의 배경에는 육아분담에 기초한 분업은 어
쩔 수 없다는 의식이 자리잡고 있다는 것이다.

이런 의식의 차이를 해소하기 위해서는 육아지원의 정비와 시설확충이
급선무라고 할 수 있다. 심각한 수준의 저출산·고령화 문제를 안고 있는
일본에서 청소년은 다음 세대를 이끌어 갈 꿈나무란 점에서도 그리고 노동
력이란 점에서도 중요한 존재이다. 그러나 현실적으로는 아이를 둔 여성은
양쪽 부모로부터의 육아지원을 통해 계속적인 직업생활의 영위가 가능한
경우가 많다. 지금까지 살펴본 바와 같이 젊은 세대도 주위의 지원이 없어
서는 지속적인 직업생활이 곤란하다는 것을 짐작하고는 있겠지만, 이러한
사적인(private) 지원뿐만 아니라 공적인(public) 차원에서의 육아지원 및

제도적 정비가 필요하다. 최근 육아휴업제도나 보육시설 등의 하드웨어적인 면은 정비가 계속해서 이루어지고 있다. 그러나 육아휴업제도를 사용함으로 인해 발생하는 근무평가의 부정적 영향이나 승진차별 등 제도의 활용이 부정적으로 작용하는 경우도 많다. 앞으로는 직장의 이해나 협력이라는 소프트웨어적인 면이 점점 더 중요시되어야 할 것이다. 제도의 도입뿐만 아니라 제도를 어떻게 활용할 것인가가 중요하다. 불황이 계속되는 현재의 상황에서 쉬운 일은 아니지만, 육아나 노인간호 등에 대한 유연하고 융통성 있는 조직이나 사회가 요구된다. 개인적 차원에서는 라이프스타일에 맞춘 전직이나 재택근무 등의 다양한 근무방법을 고려하면서 사회나 기업이 무엇을 요구하고 있는지를 파악하는 능력, 나아가 이를 위해 필요한 지식이나 기능을 익히고자 하는 노력이 필요하다.

청소년은 직업생활과 가정생활을 조화시킨 라이프스타일을 희망하고는 있지만, 현재와 같이 육아지원이 열악한 상황에서는 성별에 의한 분업을 강요받지 않을 수 없으며, 이러한 딜레마 사이에서 괴로워하고 있다고 말할 수 있다. 육아가 얼마나 소중한 '일'인가를 사회전체가 인식을 같이하여, 하드웨어 · 소프트웨어 양쪽에서 육아지원을 충실히 하는 것이 저출산 · 고령화 사회를 살아가는 청소년이 보다 일하기 쉬운 사회를 만들어 나가는 지름길이 될 것이다.

# 고졸 무직자층의 점진적 증가

대 도시권 공립 K고등학교(인문계). 고등학교 가운데 중간에서 하위권인 이 고등학교에서는 최근에 세 차례에 걸쳐 색다른 진로지도를 실시했다. 주제는 「프리터 지원자를 위한 진로설명회」였다. 제1회 주제는 프리터라는 진로의 특징을 학생에게 제시할 것. 구체적으로는 진로나 취직과 비교해서 프리터는 어떠한 장점과 단점이 있는가에 대한 객관적인 데이터를 제시하는 것이었다. 진로지도는 성공적이었으며, 제2회, 제3회로 이어질수록 진로지도 참가자의 수는 줄었지만(즉 프리터 지원자가 줄었다), 마지막까지 계속해서 참가하는 학생도 있었다. 그들에게는 확정신고나 국민연금 등에 가입하는 방법을 알려 주었다.

이 고등학교에서는 40%에서 거의 절반 가까운 졸업생은 전통적으로 그들의 선배들이 통상적으로 밟아 온 진로를 선택하지 않고 졸업 후 진로로서 프리터를 선택하고 있다. 평소 학생과의 만남을 통해서 자신이 프리터가 되지는 않지만, 프리터에 어느 정도의 동조의식이 있는 이들이 상당수 존재함을 확인할 수 있었다.

K고등학교의 현재상황 – 그것은 무엇을 나타내는 것일까. 왜 프리터를 지원하는 청소년이 증가하고 있을까? 그것은 우리의 사회에 어떠한 문제를 제기하고 있을까? 청소년의 '학교에서 직업으로의 이행'의 문제에 무엇을 의미하는 것일까. 이 장에서는 '고졸무직자' 청소년에 초점을 맞추어 그 사회적 배경과 사회적 귀결에 대해 살펴보도록 하겠다.

# 1. 1990년대 – 고졸 무직자층<sup>13)</sup>의 점진적 증가

## 1) 고졸 무직자의 규모

2000년(平成12년)판 『노동백서』는 '프리터'를 151만 명(1997년 시점)으로 추산하여 화제를 모았다. 『노동백서』에 의하면 프리터란 ① 현재 취업중인 자 곧 그 일자리가 '시간제 취업'의 형태를 띠며, 남성은 계속 취업년수가 1~5년미만인 자, 여성은 미혼이며 일을 주업으로 하고 있는 자, ② 현재 무직인 자는 집안 일도 통학도 하고 있지 않으며, '시간제 취업'을 희망하고 있는 자라고 정의되어 있다. 남성보다 여성이 많으며, 또한 20~24세가 가장 많다는 특징이 있다. 1982년에 비해 약 3배나 늘어났다는 점, 또한 최근 연령의 상승에 따르는 프리터의 감소율이 낮아지고 있으며, 프리터인 채로 표류하는 경향이 강해지고 있다는 점이 사회적으로 경종을 울리고 있다.

'프리터'란 원래 1987년 취업정보잡지 『프롬 에이(*From A*)』(리크루트사 발행)에서 만들어낸 조어다. 당시에는 "정규고용이 아닌 자유롭게(free) 일하는 사람(Arbeiter)"을 가리키는 말이었다. 오늘날 이 말의 사회적 정의는

---

13) 역자주: 원서에서는 '무교샤(無業者)'라고 표기하고 있으나, 무업(無業)에서 업(業)은 일의 내용을 나타내며, 무직(無職)에서 직(職)은 개인이 소속된 직장 내의 위치 또는 지위를 나타낸다는 점에서는 무업자(無業者)라고 번역하는 것이 저자의 뜻을 더욱 정확하게 전달할 수 있겠으나, 우리말의 어감상 무직자(無職者)라고 번역해도 큰 무리가 없을 것으로 판단되어 무직자라고 번역했다. 단, 무직자라고 번역하더라도 괄호안에는 無業, 無業者라고 표기했다.

여러 가지로 변질되었으며, 또한 '청소년 불안정 취업자'(勞働厚生省) 등 행
정용어로 사용되는 경우도 있다. 그리고 '프리터'라는 청소년은 문부성의
통계에서는 예전부터 '무업자'라는 범주 속에 포함되어 있었다. 지금부터는
고졸 무직자에 초점을 맞추어서 분석하고자 한다.

일반적으로 고졸자가 밟게 되는 '전통적인 진로'를 보면 첫 번째는 4년제
대학이나 전문대학으로의 진학, 두 번째는 졸업 후 곧바로 사회에 진출하는
'취직'이었다. 이러한 그들의 진로는 1970년대 중반 이후 전문학교의 입학
이라는 새로운 진로가 추가되었으며, 그 이후 급격하게 늘어나는 입학자수
의 증가와 함께 전문학교는 제3의 진로로 정착되었다. 숫자상으로는 이러
한 세가지 형태 이외에 '재수생'이 차지하는 비율도 높았지만, 이들은 대학
진학을 목표로 과도기적 상태에 있으나, 결국 그들은 대학으로 진학하게 될
잠재적 진학자로 취급되었다. 1980년대까지 고졸자의 진로는 2년제, 4년
제 대학 진학, 취직 그리고 전문학교 진학이라는 세 가지 유형이 지배적이
었다. 이것을 청소년기부터 성인기로 이행이라는 관점에서 보면 1980년대
까지의 청소년들은 고등학교 졸업 후 곧바로 현실사회로의 진출, 또는 고등
학교 졸업 후 대학, 전문대학, 전문학교를 경유한 현실 사회 진출 가운데 어
느 한쪽을 선택하고 있음을 알 수 있다.

그런데 이러한 청소년의 학교-직업세계 이행에서 변화의 징조가 나타나
기 시작한 것은 1990년대부터이다. 1990년대 이후 고졸자의 진로 중 가장
주목해야 할 변화는 고졸 무직자층의 동향이라고 할 수 있겠다. 〔그림 6-1〕
은 1990년대 이후에 고졸 무직자와 무직자비율을 가리키는 그래프이다.
'무직자'(無業者)란 고등학교를 졸업하는 시점에서 상급학교로의 진학자,
취직자, 사망 또는 데이터 미상인 사람을 가리키는 '이외'의 자를 제외한 이
들을 가리킨다. 문부성의 통계상 이들의 범주는 '1999년 학교기본조사 속

보판'부터 '좌기(左記) 이외의 자'로 명칭이 바뀌었다. 요컨대 진학도 하지
않으며 그렇다고 취직을 하는 것도 아닌 이들을 가리킨다. 1980년대에는
무직자가 20% 정도 존재했지만, 이 수치에는 재수생들(집에서 공부)이 다
수 포함되어 있었다. 오늘날에는 재수생의 대다수가 이른바 학원에 흡수되
었기 때문에, 학원을 다니지 않은 채 집에서 공부하면서 진학을 준비하는
재수생의 수는 극히 소수에 불과하다.

   고졸자가 차지하는 무업자의 비율은 1992년에 4.7%에서 점진적으로
증가하여 2004년에는 13만 2000명 남짓으로 10.3%에 달한다.

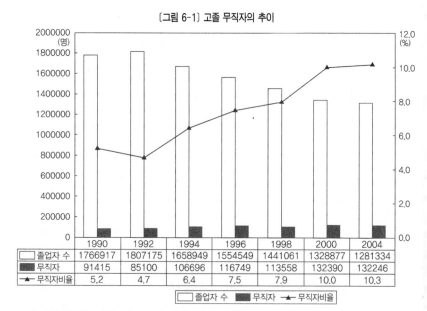

〔그림 6-1〕 고졸 무직자의 추이

| | 1990 | 1992 | 1994 | 1996 | 1998 | 2000 | 2004 |
|---|---|---|---|---|---|---|---|
| 졸업자 수 | 1766917 | 1807175 | 1658949 | 1554549 | 1441061 | 1328877 | 1281334 |
| 무직자 | 91415 | 85100 | 106696 | 116749 | 113558 | 132390 | 132246 |
| 무직자비율 | 5.2 | 4.7 | 6.4 | 7.5 | 7.9 | 10.0 | 10.3 |

출처: 문부성 『학교기본조사 보고서』 각년도판.

## 2) 무직자 배출현상

앞에서 제시한 수치는 전국의 모든 고졸자의 수치이며, 전일제 졸업자와
비교하면 정시제 졸업자에서 또는 학과별로는 실업계와 인문계가 높다. 지
역별로도 그 차이가 두드러지게 나타나는데, 오키나와현(沖縄縣)의 28.1%
는 제외한다고 해도 도쿄의 14.1%, 가나가와현(神奈川縣)의  14.1%,
오사카부(大阪府) 13.1%, 미야기현(宮城縣)의 12.0%부터 후쿠이현(福井
縣) 5.0%, 도야마현(富山縣) 3.4%까지 폭넓게 분포되어 있다(2003년 3월
졸업생). 특히 무직자의 비율이 눈에 띄는 곳은 지정도시(指定都市)14)에 있
는 고졸자이다. 예를 들면 그 중에서 도쿄 23구의 공립(公立)고등학교 남자
졸업생의 경우는 4명 가운데 1명이 대학 또는 전문대학 진학자(24.5%)이
며, 그 다음으로는 '무직자'(20.4%)이다. 무직자의 수는 취업자나 진학학원
으로 옮겨 가는 이들보다 그리고 전문학교 입학자보다 약간 많다. 수치상
무직자는 제2의 '진로'이다. 무직자는 전국적으로 보면 여전히 10%를 넘지
않으나, 도쿄 23구의 공립고 남자 졸업자의 경우는 5명중 1명 이상에 달하
는 등, 이미 고졸자의 진로 가운데 다수파(多數派)에 속할 정도로 비율이 높
다.

아울러 간과해서는 안 되는 것이 고등학교의 학교 간 격차와 무직자 배출
비율의 관계이다(大道眞佐美, 「無業者はどこで産み出されてきたのか」, 耳塚寬
明ほか, 『高卒無業者の教育社會的研究』, 平成11年度~12年度  日本學術振興會
科學研究費補助金報告書, お茶の水大學 敎育社會學硏究室, 2000). 도쿄도립

---

14) 역자주: 인구가 50만면을 넘는 도시로서, 정부령에 의해 지정된 도시. 시민생활과 직결
된 사무와 권한이 도도부현(都道府縣)에 이양되어 행정구(區)를 지정할 수 있는 등 보통
의 도시와는 다르게 취급된다. 오사카, 나고야(名古屋), 교토(京都), 요코하마(横浜),
고베(神戶), 기타규슈(北九州), 삿포로(札幌), 가와사키(川崎), 후쿠오카(福岡), 센다이
(仙台), 지바(千葉), 사이타마(埼玉), 후쿠오카(福岡) 등이 이에 포함된다.

인문계 고교의 남학생의 경우, 입학시에 학력편차치가 60 이상인 고등학교에서는 무직률이 5%를 넘는 학교는 거의 없다. 한편 편차치가 중간 정도 (48~53)와 하위(47 이하)인 고교에서는 무직비율이 20%를 넘는 고교가 각각 41%, 66.7%에 달하고 있다. 더 자세하게는 설명하지 않겠지만, 여학생도 거의 비슷한 경향을 보인다. 무직자라는 진로는 학교서열(계층)과 밀접한 관계에 있으며, 인문계 고등학교의 학교서열이 중·하위층에 속하는 학교에서 무직자의 배출비율이 높다고 할 수 있겠다. 진학, 취직, 전문학교, 이 세 가지의 고등학생의 전통적인 3대 진로는 이처럼 대도시권에서 붕괴되고 있다. 특히 이러한 현상은 중하위권 계층의 인문계 고등학교에서 두드러지게 나타난다.

## 2. 고졸 무직자의 점진적 증가배경

이 문제는 실증적 차원의 검토를 요하는데, 1990년대 이후 고졸 무직자층이 점진적으로 증가한 배경에는 여러 가지 요인이 복합적으로 작용하고 있다고 봐야 할 것이다. ① 고졸 노동시장, ② 고등학생문화, ③ 교육이념과 진로지도, ④ 가정의 경제적 풍요로움의 순으로 고졸 무직자의 점진적 증가배경에 자리잡고 있는 요인을 살펴보기로 하겠다.

### 1) 고졸 노동시장

첫째 요인은 고졸 노동시장의 어려움이다. 1990년대 초기 150만 명을 넘던 고졸 구인수는 2002년에는 30만 명의 선을 넘어서 24만 명까지 크게 감소했다. 고졸구인배율은 3.32(1992년)~0.90배(2003년 3월)로 급격하게 줄어들었다. 고등학교 진로지도담당자의 인터뷰에 의하면 각 고등학교에서 실질적인 구인수는 구인배율의 저하 이상으로 심각하다고 한다. 산업별, 직업별 기업규모별 구인변화를 살펴보아도 금융·보험업, 사무직, 대규모기업에서 구인감소폭이 크며, 고등학생에게 상대적으로 매력적인 분야의 일자리가 줄어들고 있음을 알 수 있다. 그 결과 신규 고졸자의 취직내정률은 과거 최저기록을 갱신했다.

이러한 고졸 노동시장의 어려움에는 물론 무엇보다 경기침체가 직접적인 영향을 미치고 있겠지만, 반드시 경기적 요인에 의해서만 무직자의 증가를 설명할 수 없다. 그 중에서도 ① 고등교육 진학률의 상승과 수평적으로 생겨나고 있는 고졸에서 대졸으로의 구인의 이동, ② 경제의 글로벌화와 함께 비정규 노동시장의 확대(시간제 취업에 의한 노동력의 조달경향 증가)의 영향도 무시할 수 없다. 물론 그러한 영향도 있겠지만 장기적으로는 ②의 영향력이 훨씬 더 심각하다. 경기침체에 따른 고졸 노동력 수요의 감소는 경기회복에 의해 해소가 가능하지만, 대졸자의 구인이동과 비정규 노동시장의 확대는 지금의 상황이 이전의 상황으로 돌아갈 가능성은 극히 희박하기 때문이다.

『노동백서』(2000년)에 의하면 비정규 노동시장의 규모는 1985년부터 일관되게 확대되고 있으며, 최근 몇 년 사이 그 속도가 빨라지고 있다고 한다(예를 들면 직장에서 시간제 취업자의 비율이 확대되고 있다). '시간제 취업자'의 비율확대가 두드러진 분야는 도소매업, 음식점, 서비스업 등이며, '인건비의 절약을 위해', '업무량이 많고 적음에 적절하게 대응하기 위해'가 큰 이유가 되겠다.

이처럼 전체적인 정규고용의 유보와 비정규고용이 증가하는 상황 속에서 고졸노동시장은 더욱 더 좁아질 수밖에 없다. 단, 신규졸업자의 구인수는 확실히 줄어들고 있기는 하지만 기업의 입장에서 보았을 때, 채용을 하려고

해도 채용을 하지 못하는 경우가 있을 수 있다. 마찬가지로『노동백서』에 의하면, 중소규모기업의 고졸 구인의 충족률은 반 이하에 그치고 있다 (5~29명 규모의 기업에서는 47.3%). 도쿄 내의 제조업에서는 경영규모가 작은 기업일수록 장기적인 차원의 인재확보면에서도 상당히 어려운 상황에 놓여 있으며, 그 중에서도 기술을 이어나갈 젊은 기술자가 부족하다고 생각하는 기업의 비율이 60%를 넘는다는 보고서도 있다(東京都,「都內中小製造業の技術‧技能集積と人材育成に關する調査」, 1999). 대개 구인인 경우는 제조업에서의 기능공 수요가 많은 데 반해, 구직의 경우는 전문‧기술직‧관리적‧사무직, 판매업, 서비스업에서 그 수요가 많다. 이에는 구인과 청소년의 구직 사이에 불일치가 존재하고 있으며, 구인이 있다 하더라도 프리터(무업자)를 선택하는 고등학생이 일정 수 있음을 나타낸다. 이러한 점은 고등학생의 직업의식, 청소년문화, 진로지도의 문제로 연결된다.

## 2) 고등학생문화의 변화

둘째 요인은 고등학생문화의 변화이다. 1979년과 1997년의 두 시점에서 고등학생문화를 시계열적으로 비교한 연구에 의하면(樋田大次郎‧耳塚寬明‧岩木秀夫‧苅谷剛彦編著,『高校生文化と進路形成の變容』, 學事出版, 2000), 1990년대 이전의 고등학생에 비해 지금의 고등학생에게는 학교생활이 자신의 생활세계에서 차지하는 비중이 줄어들고 있다. 그것은 학교공부에 부정적인 태도를 취한다거나 학습시간의 감소와 같은 변화를 통해 단적으로 나타난다. 그렇다면 그들의 관심이 어디로 향해 있는지 관찰해 보면, 학교 밖 특히 소비문화로 급속히 접근하고 있다.

구체적인 데이터를 살펴보자. 도쿄 내의 학교졸업 후 무직자들을 다수 배

출하고 있는 고등학교를 대상으로 한 고등학교 2학년 조사에 의하면(粒來香, 「學校生活と進路展望」 および 堀有喜衣 「青年文化と進路展望」 いずれも 耳塚寛明ほか, 前掲報告書, 2000), 평일에 집과 학원에서 공부를 전혀 하지 않는 학생이 76.3%에 달하며, 부득이한 결석(병결·상, 공결) 이외의 결석일수(약 10개월간)가 5일이 넘는 학생이 22.5%, 마찬가지로 지각을 21회 이상한 학생이 26%에 달한다. 같은 10개월 사이에 낙제점이 하나도 없는 학생은 44.8%에 그치고 있다. 물론 모든 학생이 그렇다고는 할 수 없지만, 학습습관은 물론 '통학'이라는 기본적인 학생의 역할수행으로부터 일탈한 학생이 상당수 존재하고 있다(대략 10% 이상). 이런 학교생활 수행능력 및 태도저하, 학생역할로부터의 일탈은 담임선생님의 성별과 이름도 모르는 학생이 28.3%에 이른다는 점에서도 나타나고 있다.

한편, 교외생활의 행동, 특히 소비생활은 이전과는 비교도 할 수 없을 정도로 높은 수준을 유지하고 있다. '학교 밖의 친구와 잘 맞는다'고 응답한 학생은 약 반수(48.1%)에 달하며, 최근 2개월 간에 58.9%의 학생이 아르바이트 경험을 가지고 있다. 아르바이트의 직종은 70% 이상이 판매, 서비스이다. 81.5%가 1주일에 3일 이상 아르바이트를 하고 있으며, 최근 2개월 간의 아르바이트비의 합계는 평균 7만 4000엔이며 15만 엔 이상 벌었다는 학생도 15% 가깝다. 그들의 수입은 아르바이트를 통해 번 돈 이외에 부모님으로부터 받는 용돈(월평균 7000엔 이상)을 포함하면 상당한 규모에 달하게 된다.

이러한 넉넉한 수입은 월평균 7500엔의 옷구입비, 7000엔의 휴대폰 요금, 5500엔의 밥값, 4000엔의 CD·게임·가라오케 비용 등으로 소비된다. 그들이 자유롭게 사용할 수 있는 돈은 직장인만큼은 아니지만 경제적인 측면에서 보면 그들이 웬만한 수준의 소비자라는 점은 틀림없는 사실이다.

이런 소비생활을 유지하는 것이 고등학교 졸업후의 가장 우선순위가 높은 목표가 된다.

매우 활발한 아르바이트 경험은 한편으로는 '일의 재미'를 심어 주며, 임금노동의 힘듦을 체득하게 하는 것에는 도움이 된다('일에 대한 재미를 느낀다' 매우+그럭저럭 맞는다=65.7%, 돈 버는 것은 힘들다고 생각한다=84.2%). 하지만 다른 한편으로는 그렇게 많은 수는 아니지만 아르바이트 경험은 학생에게 '정규직 사원이 되어도 별 볼일 없다고 생각한다'(60.5%), '아르바이트를 하더라도 어느 정도 생활이 가능할 것으로 생각'한다(32.6%) 등을 느끼게하는 계기가 되기도 했다.

조금 더 데이터를 자세히 살펴보자. 원래 고졸 후 프리터를 지망하는 학생 가운데 다른 진로를 희망하는 사람에 비해 아르바이트 경험자가 많다(최근 2개월 간의 아르바이트 경험률, 프리터 지망자 71.4%, 취직 지망자 59.8%, 전문·각종학교지망자 63.1%, 전문대·4년제 대학 지망자 50.8%). 그리고 아르바이트를 하고 있는 사람 중에서도 프리터 지망자일수록 '아르바이트이긴 하지만 어느 정도 생활이 가능할 것으로 생각한다', '정규직 사원이 되어도 별볼일 없다고 생각한다'라고 대답한 사람이 많았다. 이러한 생각이 프리터의 동조의식을 증가시키며, 열악한 노동시장 속에서 프리터란 이름으로 세상 속으로 나갈 수 있는 '마음의 준비'를 시키는 적응기능을 갖게 하는 것으로 생각한다.

프리터 지망자에게는 한 가지 특징이 있다. 그들은 학교생활의 태도 및 수행능력이 떨어지며, 소비문화에 친숙해져 있다는 점을 통해 어느 정도 예상이 가능하겠으나, 그들은 일탈적인 하위문화에 강한 친근감을 가지고 있다는 것이다.

[표 6-1]은 '교복의 치마를 짧게 하거나 변형시킨 것을 입는다'는 등의 일

〔표 6-1〕 진로지망별 일탈적 행동 (단위: %)

| | 교복치마를 짧게 한다거나 변형된 교복을 입는다 | 귀 이외의 부위에 피어싱을 한다 | 늦은 밤에 편의점이나 식당을 들른다 | 눈에 띄는 머리모양이나 염색을 한다 | 담배를 핀다 | 술을 마신다 |
|---|---|---|---|---|---|---|
| 무직 | 46.5 | 5.6 | 45.3 | 18.4 | 22.4 | 36.0 |
| 프리터 | 63.6 | 6.8 | 69.3 | 36.7 | 30.5 | 51.2 |
| 전문·각종 학교 | 46.8 | 5.6 | 44.7 | 22.1 | 16.4 | 38.4 |
| 단기대학· 4년제대학 | 36.6 | 2.3 | 34.9 | 13.6 | 10.8 | 28.3 |

수치는 「매우 그렇다」「대체로 그렇다」를 합한 비율.
출처: 耳塚寬明외, 전게보고서, 2000, p.44

탈적인 행동이 진로지망별로 어떻게 다른지를 나타낸 것이다. 이 표에 의하면, '교복의 치마를 줄이거나 변형시켜 입는다', '밤에 편의점이나 레스토랑에 나간다', '눈에 띄는 머리모양이나 염색을 한다', '담배를 피운다', '술을 마신다'는 등의 행동에서 프리터를 희망하는 이들의 비율이 높다. 대개 일탈적인 행동양식에 친숙해져 있는 대도시지역의 무직자를 다수 배출하는 고등학생 중에서도 프리터를 희망하는 학생이 일탈적 행동에 더욱 친숙해져 있다고 할 수 있다.

지금 소개한 데이터는 '고등학생'의 설문조사 결과이다. '고등학생'이란 학교에서 '학생'의 지위를 가진 이들에게 그들이 '학생'이라는 역할을 수행한다는 전제하에 청소년을 부를 때 사용하는 말이다. 하지만 앞에서 제시한 데이터를 통해 형성되는 이미지는 이러한 이미에서의 '고등학생'의 모습은 아니다. 오히려 여기에 등장하는 청소년들은 가끔씩 '학생'이라는 역할을 연기하는 아르바이트 학생이라고 하는 편이 더 적절한지 모른다. 특히, 아르바이트 학생의 특징은 프리터를 지망하는 고등학생에게서 두드러지게 나타난다. 고등학교문화에서 생활비중의 저하, 아르바이트를 비롯한 교외의 생활비중 확대, 소비문화와의 친근성 등이 무직자의 점진적 증가배경으로 자리잡고 있다.

### 3) 교육이념과 진로지도의 변화

셋째 요소는 교육이념과 진로지도의 변화이다. 임시교육심의회 이후의 교육정책의 방향전환에 따라 교육지도는 '개성중시의 원칙'으로의 패러다임 전환을 경험했다. 20년 전의 교사들과 비교하면 지금의 고등학교 교사는 일정한 '고등학생다움'의 틀 속에 학생을 가두려고 하는 지도로부터 후퇴하여 '탈학생 역할'에 대해 허용적이었다. 가네코마리코(金子眞理子)의 지적에 의하면 현재의 고등학교 교사는 20년 전의 교사에 비해 '학교에서는 말썽을 부리지만 패기 있는 학생', '교칙 등을 어기는 경우는 있지만 생활력이 강한 학생', '스스로 납득할 수 없는 규칙은 따르지 않는 학생' 등 '탈학생역할'이 '문제'라고 대답하는 이들이 크게 줄었다고 한다(金子眞理子, 「敎師の對生徒パースペクティブの變容と『敎育』の再定義」, 樋田大二郎ほか, 前揭書, 2000). '문제시형' 지도에서 '허용형' 지도로의 변화는 교사에 의한 '통제'로부터의 후퇴를 의미하지만, 그것은 단순한 후퇴는 아니라고 한다. 거기에는 교육의 '다양화'와 '개성화'라는 이념이 결부되어 있으며, '통제'로부터의 후퇴는 '좋은 것'으로 정당화되는 경향이 있다.

진로지도도 예외는 아니다. 무직자를 다수 배출하는 고등학교의 진로지도 담당교사의 인터뷰를 정리한 쇼타유코(諸田裕子)에 의하면(諸田裕子, 「進路としての無業者」, 耳塚寬明ほか, 前揭報告書, 2000), 그들이 지도하는 진로지도의 논리적 특징은 다음과 같다.

① 희망·자기선택중시: 학생의 선택을 우선시하며, 꿈과 희망을 버리
지 않도록 지도한다.
② 진로비(非)강제: 학생이 스스로 선택한 것을 교사는 아무 말도 하지
않는다.

이 두 가지 진로지도의 '이론'에 의해 무엇보다도 학생의 자기선택이 지상
최대의 가치를 가지는 것으로 여겨지며, 자기선택의 결과가 '프리터'라 하더
라도 그것을 정당화할 논리가 준비된다. 고졸자의 구인이 급격하게 감소해
서 취직희망자 모두에게 취직가능한 일자리를 소개할 수 없는 상황에 있는
진로지도 담당자에게 이러한 진로지도 '이론'은 복음(福音)과 같다.

진로를 결정하고 있지 못한 학생일지라도 희망이 없다면 강제로 취직처
에 지원하게는 하지 않으며, 현실성이 거의 없는 직업을 희망하고 있다고
할지라도 학생의 의견을 존중한다. 또한 부모가 자녀의 프리터 지망을 인정
한다면 학교는 적극적으로 진도지도를 실시하지 않는다……. 내부로부터
의 진로의식의 고조를 기대하며, 학생의 '개성적인 진로선택'을 존중하며,
결과적으로는 '진로미정'이나 '프리터'라는 선택을 정당화하는 방향으로 진
로지도는 변화하고 있다. 이러한 변화는 개성중시의 원칙이라는 기반에서
'자기찾기 여행'을 지원하는 진로지도로서 보다 긍정적인 의미를 부여받기
도 한다. 학생의 '진로보증'이 학교의 지상 최대의 가치인 시대는 이미 과거
의 일에 지나지 않는다고 해도 좋을 것이다.

## 4) 풍요로운 가계수준

넷째 요인은 '풍요로운' 가계수준이다. 이른바 프리터라는 진로선택은 그

것이 구인난으로 인해 일자리가 없다고 하는 어쩔 수 없는 상황이 배경에
자리잡고 있으며, 또한 아르바이트를 통해 일정 부분 수입을 얻을 수 있기
는 하지만, '그럭저럭 먹고 지낼 수 있을' 만큼의 (가족의) 경제적 여유가 있
을 때 선택가능한 진로이다. 『노동백서』에서도 "청소년 실업을 '단신세대'
와 '그 밖의 가족'으로 나누었을 때, 후자의 경우에 실업자의 증가가 두드러
지며, 부모의 경제적 지원이 청소년의 실업을 가능하도록 하는 측면이 있음
을 생각해 볼 수 있겠다"고 지적하고 있다. 이러한 지적은 고졸 무직자에게
도 해당된다고 하겠다.

이러한 의미에서 앞에서 적어도 고졸자가 주된 경제활동 주체가 될 필요
가 없을 때까지는 가계가 풍요로워졌다는 기초적인 조건에 주목할 필요가
있다. 하지만 가계수준이 풍요롭기 때문에 고졸 무직자층이 상대적으로 부
유층에서만 나타나는 현상이라고 볼 수는 없다. 사실은 오히려 그 반대이다.
필자의 연구에 의하면(耳塚寬明ほか, 前揭報告書, 2000), 무직자를 선택하
는 고등학교생의 보호자 직업 가운데 가장 많았던 것은 '자영업'(17.6%)이
었으며, 그 다음으로 '공장노동자 및 현장 작업원, 운전수 등'(14.2%)이었
다. 의사·교사·변호사·엔지니어 등과 같은 전문직은 2.6%, 사무직은
5.0%에 불과했다. 상대적은 낮은 계층에서 무직자가 배출되고 있었다. 일
본 사회가 전반적으로 가계수준이 향상되었다는 사실과 어떠한 사회계층에
서 무직자가 배출되고 있는가는 구별해서 생각해야 할 필요가 있다.

# 3. 무엇이 문제인가 - 고졸 무직자 문제가 주는 시사점

## 1) 계층분화, 재생산문제

현시점에서 고등학교에서 대학으로의 진학은 몇몇 4년제 명문대학을 제외하면 학력은 결정적인 의미를 상실했다. 오히려 상급학교로의 진학을 감당해 낼 수 있는 경제력이 있느냐의 여부가 진학을 결정하는 중요한 요인이 되고 있다. 지명도가 높은 4년제 대학(이른바, 명문대학) 진학을 가능하게 하는 것은 교육비 지불능력과 학업성적이 높은 학생이며, 취직의 좁은 문을 통과할 수 있는 것은 진학희망을 가지고 있지 않는 성실한(결석과 지각이 적고, 학교공부도 열심인 상대적으로 성적이 좋은) 학생이다. 지명도가 높은 4년제 대학으로 진학할 수 없으며, 또한 취직도 곤란한 학생 중에 교육비부담이 가능한 계층의 자녀는 극단적으로 이야기해서 성적 여하와 고등학교 생활의 성실 정도와 상관없이 대학에 진학할 수 있다. 교육비부담이 불가능한 계층에서는 '진로미정', '무직자'라는 진로밖에 남아 있지 않다. 이렇게 생각하면, 원래 고졸 무직자층이 상위계층에서 나타난다는 주장은 있을 수 없다.

보호자의 학력과 직업 등의 가정적 배경(속성)에 의해 고등학생의 진로희망이 어떻게 다른지 데이터를 통해 확인해 보자(耳塚寬明ほか, 前揭報告書, 2000). 우선 고졸후의 진로에서 프리터를 희망하는 사람이 많은 것은 어머니 학력이 중학교 11.6%, 아버지 학력이 중학교 7.8%, 지금의 성적이 하위층 6.7%이고, 아버지 직업은 자영업 5.6%, 공장근로자·현장작업자·판매원 5.2%인 경우이다. 반대로 프리터의 희망이 적은 것은 현재성적이 하위층 1.6%, 아버지 직업이 관리직·사무직·전문직 2.7% 등이다. 학교에서의 성적도 진로지망에 강한 영향을 미치고 있지만, 보호자의 학력과 직업계층이 프리터 지망의식과 크게 관련이 있음을 알 수 있다.

〔표 6-2〕 진로지망과 보호자의 학력 · 직업(학교에서의 현재성적)                    (단위: %)

| 현재대학교성적(3등분) | | 학력 · 직업 | | | | 전체 |
|---|---|---|---|---|---|---|
| | | 고등·화이트 | 고등·블루 | 중등·화이트 | 중등·블루 | |
| 상위 | 취직 · 가사보조 | 8.9 | 19.2 | 13.6 | 15.9 | 14.2 |
| | 프리터 | 0.0 | 0.0 | 0.0 | 5.8 | 2.5 |
| | 전문 · 각종학교 | 17.8 | 23.1 | 31.8 | 34.8 | 27.8 |
| | 단기대 · 4년제대학 | 71.1 | 46.2 | 50.0 | 34.8 | 48.8 |
| | 기타. 잘 모름 | 2.2 | 11.5 | 4.5 | 8.7 | 6.8 |
| | 합계 | 100.0 | 100.0 | 100.0 | 100.0 | 100.0 |
| | (N) | 45 | 26 | 22 | 69 | 162 |
| 중위 | 취직 · 가사보조 | 6.4 | 9.9 | 12.1 | 21.0 | 14.2 |
| | 프리터 | 0.9 | 6.2 | 3.0 | 5.6 | 4.2 |
| | 전문 · 각종학교 | 34.5 | 40.7 | 34.8 | 28.2 | 33.0 |
| | 단기대 · 4년제대학 | 52.7 | 39.5 | 39.4 | 35.4 | 40.9 |
| | 기타. 잘 모름 | 5.5 | 3.7 | 10.6 | 9.7 | 7.7 |
| | 합계 | 100.0 | 100.0 | 100.0 | 100.0 | 100.0 |
| | (N) | 110 | 81 | 66 | 195 | 452 |
| 하위 | 취직 · 가사보조 | 11.1 | 41.2 | 18.4 | 26.5 | 24.8 |
| | 프리터 | 11.1 | 11.8 | 2.6 | 9.8 | 9.0 |
| | 전문 · 각종학교 | 33.3 | 23.5 | 47.4 | 36.3 | 35.7 |
| | 단기대 · 4년제대학 | 38.9 | 11.8 | 23.7 | 16.7 | 21.0 |
| | 기타. 잘 모름 | 5.6 | 11.8 | 7.9 | 10.8 | 9.5 |
| | 합계 | 100.0 | 100.0 | 100.0 | 100.0 | 100.0 |
| | (N) | 36 | 34 | 38 | 102 | 210 |

주:  학력 · 직업은 아버지의 학력과 직업을 통해 분류.
출처: 미미즈카 히로아키 외, 전계보고서, 2000, p.60

〔표 6-2〕는 아버지의 학력 · 직업과 진로희망의 관련을 현재의 학교성적별로 나타낸 것이다. 표에 의하면 원래 고졸 후의 진로지망은 가정적 배경과 강한 관련이 있으며, 비록 같은 성적이라 할지라도 고학력 · 화이트칼라 계층의 자녀로 단기대(전문대) · 4년제 대학 지망이 많은 경향을 볼 수 있다. 또 성적상위 · 중위층에서는 블루칼라층에서 프리터 지망이 상대적으로 많

이 출현하고 있다.

이렇게 볼 때, 상대적으로 낮은 계층출신의 학생이 고졸 노동시장 침체의 영향을 받으며, 또한 경제적 이유와 가정적 배경 때문에 진학기회를 박탈당하는 이중의 '기회의 상실' 끝에 고졸 무직자가 되어 학교와 직업세계의 좁은 문에서 방황하게 되는 것이다. 고졸 무직자의 점진적 증가는 일본사회전체의 '계층재생산'이라는 구조적 현상의 한 측면이며, 동시에 계층분화가 심각해지고 있으며, 아울러 사회의 중심적인 사건으로 이해되지 않으면 안 된다.

무직자를 '자기찾기여행'에 나서는 사람으로 간주하여 이들을 지원하려는 진로지도도 나쁘진 않지만, 누가, 어떤 식으로 무직자로서 학교와 직업세계의 좁은 문을 방황하고 있는지 주의깊게 관찰할 필요가 있다. 특정 사회계층에서 특징적인 행동으로 프리터 선택(또는 결과로서의 '선택')이 나타난다면, 우리는 그것을 '자기찾기여행'으로 보고 방치해서는 안 된다. 계층재생산 문제로서의 성격이 드러난다면 기회상실에 대처할 제도적 정책, 예를 들면 장학금제도 등의 경제적 지원을 확충할 필요가 있을 것이다.

## 2) 취직지원문제

일본노동연구기구의 조사에 의하면(本田由紀, 「フリーター予備軍の實像」, 日本勞働研究機構, 『JILフォーラム』, 2000年 3月 28日における發表資料), 프리터 예비군에는 여러 유형이 있는데, 그 중 하나인 '취직미내정자'에는 '성적도 나쁘지 않고, 취직 지망이 강함에도 불구하고 취직을 하지 못한 채, 게다가 구직을 위한 조직적·개인적 정보망이 결여되어 있는 경우가 있어 특별한 지원이 요구된다(특히 여성)'는 경우가 포함된다고 한다. 이 기구는 이

를 위해 학교추천 이외의 취직알선경로가 정비될 필요가 있음을 지적하고 있다.

고졸 무직자들이 어떻게 취업경력을 쌓아가게 될까. 이 점에 대한 추적조사가 필요하지만 그들의 대부분은 경제적으로 불안정할 뿐만 아니라, 취업경험이 기술의 축적을 가져오기 어려운 유형의 경력에 맴돌고 있을 것이 예상된다. 고등학교 졸업 시점에서의 취직지원이 필요할 뿐만 아니라, 취업과정에서 안정적인 직장으로의 취직지원 시스템과 그들이 직업기술을 획득할 수 있는 훈련시스템도 필요하겠다.

## 3) 학교교육의 정당성 문제로서의 무직자

마지막으로, 무직자의 점진적 증가가 학교교육이 유지해 온 정당성을 동요하게 하는 계기가 된다는 점을 지적해 두고 싶다.

일본의 학교교육 특히, 고등학교 교육은 '졸업 후의 진로'를 주된 동기부여 요인의 하나로 삼아 청소년을 학교생활에 집중하도록 하는 데 성공적인 역할을 수행해 왔다. 공부하지 않으면 대학에 들어갈 수 없다, 성적이 나쁘면 취직할 수 없다, 지각과 결석은 용서할 수 없다는 식으로 몰고가서 취직과 진학을 자신이 직면에 있는 중요한 과제로 설정하여 학생을 학업에 집중하도록 하며, 동시에 사회생활에 필요한 인성과 기본적 생활습관의 훈련을 해왔다. 그런데 진학의 경우에는 출산율 감소[小子化]가 진행됨으로 인해 공부를 하지 않아도 진학가능한 상황이 도래해 버렸다. 이것을 전 아사히신문 기자인 야마기시 슌스케(山岸俊介)는 "공부하지 않으면 대학에 들어갈 수 없다"라는 압력의 저하로 표현했다. 취직의 경우는 반대로, 고졸 노동시장의 침체로 인해 성적이 좋고, 성실하게 학교를 다녀도 취직할 수 없을 가능성이 급속히 높아졌다. 취직이 결정되지 않은 채, 무직자로 졸업하는 선배의 증가는 이러한 가능성을 학생에게 상징적으로 보여주게 된다.

진학과 취직의 상황은 각기 다르지만 결과적으로 학교교육이 졸업 후의 진로를 수단으로 학생을 학업과 학교생활에 집중하도록 하는 기술을 잃어버렸음을 의미한다. 그것은 청소년 학력저하의 원인이 되며, 보다 심각한 문제는 사회생활에 필요한 인성과 행동양식을 훈련할 장소를 잃어버리게 된다는 것이다.

청소년기부터 성인기에 이르기까지 어떻게 하면 청소년들을 원활하게 성인기로 이행시켜 '성인의 역할'을 취득할 수 있도록 할 수 있을까. 전통적으로 일본에서는 신규졸업자 일괄고용시스템이라는 일본적인 특수 고용제도의 존재와 직업적 선발의 대부분을 학교에 위임하고 있는 등의 특징에 의해 이러한 이행 시스템은 상당히 효율적으로 기능해 왔다. 고졸 무직자의 증가는 이러한 청소년기부터 성인기까지의 이행에 체계적이며 정교한 일본적 시스템이 붕괴하고 있음을 의미한다. 그것은 학교교육에 청소년을 묶어 두는 것을 곤란하게 하며, 사회적 훈련의 장(場)을 잃게 되는 결과를 초래한다. 우리는 고졸 무직자의 점진적 증가라는 현상을 교육정책과 노동정책에 그치지 않고, 일본의 계층구조를 포함한 보다 넓은 문맥 속에서 이해하고 대처해 갈 필요가 있다.

# 조기이직 · 전직하는 청소년 행방

**최**근 청소년의 취업행동 변화가 사회적인 관심을 모으고 있다. 취직을 하더라도 바로 일을 그만둔다거나, 학교를 졸업해도 취업을 하지 않고, 아르바이트 생활을 하는 사람(프리터)의 증가가 그것이다. 예를 들어 취직을 해도 3년 이내에 이직하는 사람은 고졸자 가운데 50%, 대졸자 가운데 30% 가까이 이르고 있다. 또한 「학교기본조사」에 따르면 고등학교를 졸업해도 진학도 취직도 하지 않는 청소년은 2000년 봄에는 10%에 달했으며, 대학을 졸업해도 약 20%가 진학도 취직도 하지 않았다(자세한 내용은 제6장 참조).

지금까지 일본에서는 학교졸업 후에 그대로 기업에 취직하여 그 기업에서 취업생활을 보내는 것이 표준적인 경로라고 생각되었다. 그러나 학교를 떠나도 표준적인 이행경로에 오르지 않는 청소년의 증가는 이미 표준적인 이행경로가 일부에서 무너지고 있음을 의미하고 있다. 청소년은 왜 표준적 경로를 따르지 않는 것일까, 또는 그러한 경로를 따르지 않는 청소년은 어떻게 되는 것일까. 또 그러한 청소년의 증가는 사회에 어떠한 영향을 미치는 것일까.

이 장에서는 이러한 현상을 ʻ학교에서 직업세계로의 이행변화로 보고, 청소년들의 이행과정에서 초기의 이직에 초점을 맞추고자 한다. 청소년은 어떻게 해서 조기이직을 경험하게 되는가, 그리고 조기이직자는 장래를 어떻게 생각하고 있으며, 어떠한 지원을 이용하여 이행과정을 재구축하고자 하는가 등을 인터뷰의 내용을 바탕으로 분석하고자 한다.

## 1. 청소년의 조기이직의 실태

일반적으로 조기이직이란 학교졸업 이후 정규직 사원으로 취직하여 취직한 회사를 3년 이내에 그만두는 현상을 말한다. 먼저 기존통계를 사용하여 신규학교졸업자가 취직한 이후 3년 이내에 첫 직장을 그만두는 청소년의 비율을 파악하고자 한다. 〔표 7-1〕은 신규졸업 취직자의 재직기간별 이직률추이를 학력별로 표시한 것이다.

〔표 7-1〕에 따르면, 1999년에 고졸청소년의 이직비율은 1년째 24%, 2년째 14.6%, 3년째 9.7%에 달하고 있다. 고졸자의 경우 취직해서 3년 이내에 50%에 조금 못 미치는 사람들이 그만둔다는 계산이 된다. 또 대졸자의 경우는 1년째 13.9%, 2년째 11%, 3년째 9.1%로, 비교적 고졸자보다는 낮지만, 30%가 3년 이내에 이직을 하고 있다는 것이다.

사실 이러한 경향은 1980년대에 이미 나타나고 있었다. 1987년의 고졸자도 1년째 19.8%, 2년째 14.6%, 3년째 11.9%가 이직을 했으며, 역시 3년 이내에 이직을 하는 비율은 50% 정도였다. 대졸자의 경우도 1년째 11.1%, 2년째 9.1%, 3년째 8.3%가 이직을 했다. 최근의 특징은 1년째 회사를 그만두는 비율이 높아지고 있다는 점이다.

## 2. 청소년의 조기이직

### 1) 조기이직의 이유

지금까지 살펴본 조기이직의 이유로는 ① 청소년의 일과 직업의식의 변화, ② 노동조건의 악화라는 두 가지 요인을 지적할 수 있겠다.

조기이직의 증가에는 청소년의 일 선택에 문제가 있는 것일까. 『청소년 취업실태』(勞働大臣 官房政策調査部編, 1998)를 통해 청소년은 첫 직장을 선

[표 7-1] 신규졸업 후 취직자의 재직 기간별 이직률 추이 (단위: %)

| 연도 | 학력 | 1년째 | 2년째 | 3년째 | 조기이직자 |
|---|---|---|---|---|---|
| 1990 | 고교 | 21.6 | 13.8 | 9.7 | 45.1 |
|  | 대학 | 10.3 | 8.8 | 7.4 | 26.5 |
| 1991 | 고교 | 20.4 | 12.6 | 8.8 | 41.8 |
|  | 대학 | 9.9 | 8.2 | 6.8 | 24.9 |
| 1992 | 고교 | 19.3 | 11.6 | 8.8 | 39.7 |
|  | 대학 | 9.5 | 7.6 | 6.6 | 23.7 |
| 1993 | 고교 | 18.7 | 12.1 | 9.5 | 40.3 |
|  | 대학 | 9.4 | 7.8 | 7.1 | 24.3 |
| 1994 | 고교 | 19.9 | 12.9 | 10.4 | 43.2 |
|  | 대학 | 10.7 | 8.8 | 8.4 | 27.9 |
| 1995 | 고교 | 21.2 | 14.8 | 10.6 | 46.6 |
|  | 대학 | 12.2 | 10.6 | 9.1 | 31.9 |
| 1996 | 고교 | 24.0 | 14.8 | 9.3 | 48.1 |
|  | 대학 | 14.1 | 11.0 | 8.5 | 33.6 |
| 1997 | 고교 | 24.6 | 13.8 | 9.1 | 47.5 |
|  | 대학 | 13.8 | 10.4 | 8.3 | 32.5 |
| 1998 | 고교 | 23.8 | 13.2 | 9.7 | 46.8 |
|  | 대학 | 12.9 | 9.8 | 9.3 | 32.0 |
| 1999 | 고교 | 24.0 | 14.6 | 9.7 | 48.2 |
|  | 대학 | 13.9 | 11.3 | 9.1 | 34.3 |

출처: 노동성 「신규학교졸업자외 취직 · 이직현황」 각 연도.

택할 때 어떠한 기준에 의거하여 직장을 선택했는가를 살펴보자. 청소년이 첫직장을 선택할 때 가장 중요하게 생각한 점은 '일의 내용과 직종' 34.9%, '자신의 기능 · 능력발휘 가능' 15.2%, '출퇴근 편리' 8.4%였다.

그렇다면 '일의 내용과 직종'을 고려하여 '자신의 기능 · 능력을 발휘할 수 있다'는 희망을 가지고 취직한 직장을 그만두는 이유는 무엇일까? 청소년 들이 이직을 한 이유를 살펴보면([표 7-2]), '일이 자신에게 맞지 않는다'가 20.3%로 가장 높으며, '건강상의 이유 · 집안사정 · 결혼'이 15.2%, '인간 관계가 좋지 않다'가 13.0%, '노동시간 · 휴일 · 휴가조건이 좋지 않다'가 10.7%였다.

〔표 7-2〕 첫 직장(정규직원)을 그만둔 이유별 비율                    (단위: %)

| | 일이 자신에게 맞지 않는다 | 건강상의 이유, 집안사정 · 결혼때문 | 인간관계가 좋지 않다 . | 근무시간 · 휴일 · 휴가 조건이 좋지 않다 | 임금조건이 좋지 않다 | 자신의 능력 · 기능 을 살릴수 없다 | 회사의 장래성이 없다 |
|---|---|---|---|---|---|---|---|
| 계 | 20.3 | 15.2 | 13.0 | 10.7 | 7.9 | 5.7 | 5.7 |
| 남 성 | 26.0 | 7.4 | 11.6 | 10.9 | 11.8 | 5.4 | 7.8 |
| 여 성 | 15.0 | 22.4 | 14.3 | 10.6 | 4.2 | 6.1 | 3.9 |
| 정규직원 | 21.1 | 10.7 | 13.0 | 11.4 | 9.4 | 6.2 | 6.2 |

| | 도산 · 해고 | 책임있는 업무가 주어지지 않아서 | 가업을 잇기 위해 | 독립해서 사업을 하기 위해 | 기 타 | 불 명 |
|---|---|---|---|---|---|---|
| 계 | 2.1 | 1.2 | 1.2 | 0.2 | 16.1 | 0.6 |
| 남 성 | 2.3 | 0.9 | 2.0 | 0.2 | 13.1 | 0.6 |
| 여 성 | 2.0 | 1.5 | 0.4 | 0.3 | 18.9 | 0.6 |
| 정규직원 | 2.0 | 1.4 | 1.7 | 0.0 | 16.4 | 0.5 |

주:   계 · 남성 · 여성에는 정규사원이외로 포함되어 있음.
출처:  노동대신관방정책조사사부편「청소년 취업실태」1998년

더 이상 자세하게 설명하지 않겠지만, '건강상의 이유·집안사정·결혼' 은 25~29세의 여성이 가장 높으며, 몇 년간 직장을 다닌 이후 결혼을 이유 로 이직을 하는 여성이 다수를 차지하고 있는 것으로 여겨진다. 그렇다면, 청소년의 대표적인 이직이유는, 특히 남성들에게 나타나는 '일이 자신과 맞 지 않아서', '인간관계가 좋지 않다', '노동시간·휴일·휴가조건이 좋지 않 다'와 같은 이유일 것이다. 이 가운데 청소년의 직업의식 변화로 자주 주목 을 받는 것은 '일이 자신에게 맞지 않다'는 이유이다.

직업의식의 변화를 직접 파악할 수 있는 데이터가 별로 없다. 예를 들면 정규직 사원과 프리터를 비교해 보면, 프리터는 '자신에게 맞는 일'에 대한 집착이 강하다. 이러한 '자신에게 맞는 일'의 높은 지향성은 취업행동의 변 화를 촉진하는 하나의 요인이라고 할 수 있을 것이다.

다른 한편, 노동조건의 악화로 일반적으로 노동조건이 좋은 대기업의 취 직기회는 '동일 시점에서 동일한 성별, 학력, 연령별 계층 집단'인 세대의 크기와 취직시의 경기에 의해 좌우된다(玄田有史, 「チャンスは一度一世代と賃 金格差」『日本勞働研究雜誌』第449号, 1997). 아울러 1990년대에 들어서 비 정규노동시장 확대를 배경으로 신규졸업자가 좋은 고용기회를 획득할 수 있는 기회는 줄어들고 있다.

조기이직에는 이러한 '의식적' 요인과 '구조적' 요인을 대립시켜서 논하는 경우가 많다. 이른바 '청소년이 나쁘냐, 사회가 나쁘냐'라는 대립축이다. 그 러나 이러한 논의 양상을 통해 새롭게 부상되는 점도 적지 않다. 왜 조기이 직을 문제시하지 않으면 안 되는가 하는 문제의식의 원점으로 돌아가 보면 장기적으로는 조기이직은 불안정한 상태와 연결되기 쉬우며, 청소년의 미 래에 영향을 미친다고 생각하기 때문이 아닐까 한다. 청소년의 의식과 사회 구조 어느 쪽이 조기이직의 원인이냐는 문제설정이 아니라, 왜 청소년은 한

번 취직한 직장에서 안정적인 정착을 하지 못하고 직장을 떠나는 것일까, 그리고 그들의 학교-직업세계 이행과정에 어떠한 문제가 있는 것일까 하는 점에 초점을 맞추어 논의를 진행할 필요가 있을 것으로 생각한다.

## 2) 조기이직에서 이행의 재구축으로

지금까지 일본에서는 교육에서 직업세계로의 이행은 신규졸업자 일괄채용이라는 시점에 집약되어, 한번 정규직 사원으로 취직하게 되면 안정적인 이행을 달성한 것으로 여겨왔다. 그 때문에 신규졸업자 일괄채용을 통하여 청소년을 이행시키는 것이 중요한 과제로 다루어져 왔다.

그러나 일의 경험이 미천한 조기이직자의 경우는 일단 교육에서 직업세계로 이행하기는 하지만, 일의 경험을 제대로 축적하지 못한 채 새로운 일자리를 획득하지 않으면 안 된다. 즉 조기이직은 청소년에게 원활한 이행을 저해하는 요인으로 작용할 가능성이 높은 경험이며, 이행과정의 중요 부분이다. 이러한 지그재그형 이행을 검토하기 위해서는 왜 그들이 이직을 하지 않으면 안 되었는가, 그리고 어떻게 이행과정을 재구축할 것인가 하는 점을 검토할 필요가 있을 것이다.

그래서 이 장에서는 지금까지 일본노동연구기구(『フリーターの意識と實態』, 調査報告書 No. 136, 2000) 및 노동정책연구·연수기구(『移行の危機にある 若者の實像』, 勞働政策研究報告書 No. 6, 2004)가 실시한 인터뷰를 바탕으로 조기이직에 이르게 되는 경위와 그들의 장래전망을 검토해 보고자 한다. 이직 후, 순조롭게 전직이 가능한 청소년은 자신의 힘으로 이행과정을 재구축할 수 있었던 것으로 여겨지기 때문에 인터뷰 대상자는 조기에 이직을 했으나, 새롭게 정규직 사원으로 취직을 하지 못한 청소년에 국한하여 분석하기

로 하겠다. 이러한 의미에서 이 장은 조기이직자의 전체적인 경향을 명확하게 하는 것이 아니라, 조직이직을 계기로 이행이 곤란해진 청소년을 집중적으로 분석하고자 한다.

인터뷰 내용을 검토해 본 결과, 조기이직자의 이직이유로는 ① 일이 자신에게 맞지 않는다, ② 인간관계가 좋지 않다, ③ 노동시간 등의 노동조건이 나쁘다(건강상의 이유 포함), ④ 사실상의 해고 등 네 가지 유형으로 집약할수 있다. 이러한 이유들은 ④를 제외하면 [표 7-2]의 대표적인 이유와 일치한다.

## ① 일이 자신에게 맞지 않는다

"대학에서의 공부는 비교적 쉬운 편이었는데, 대학을 졸업한 다음 어떻게하면 내가 하고 싶은 일을 할 수 있을까, 누구처럼 훌륭한 직업인이 될 수있을까 하는 희망이 없었습니다"라고 한다. 대학교 4학년 가을경까지 거의아무 것도 하고 있지 않다가, 부모님의 눈치를 견딜 수 없어 취직을 했지만, 겨우 3개월만에 직장을 그만두었다.

"꾸지람을 듣는다거나 제대로 안 해! 라는 말을 자주 듣게 되며, 그러한말을 들어도 그 업무가 자신의 능력으로는 감당할 수 없는 일이었기 때문에점점 일의 흥미가 없어졌습니다. 뭔가 하나 정도, 예를 들면 일이 재미있다는가 인간관계가 좋다는가 어느 정도 직장생활을 유지해 나갈 수 있는 심리적 지원 같은 것이 있었다면……. 또한 뭔가 어떤 하나가 마음에 안 들면 다른 것도 싫어졌습니다. 지금 생각해 보면 다른 회사에 가더라도 전에 다니던 회사에서 경험했던 일과 비슷한 경험을 하게 될 것 같다는 생각을 합니다."(사례 1, 26세, 대졸남성)

조기이직 후는 단발적인 아르바이트를 가끔씩 하다가 평생직업을 구하고 싶다는 생각은 하지만 필자가 인터뷰를 할 때 적극적으로 하고 싶은 일을 찾고 있지는 않았다. 단발적인 아르바이트를 하는 것도 언제라도 하고 싶은 일이 생겼을 때 그 일을 할 수 있도록 하기 위함이다. 그러나 하고 싶은 일이 좀처럼 나타나지 않기 때문에 26세나 되었는데도 구체적인 취직활동을 하지 않고 있었다.

### ② 인간관계가 좋지 않다

최근 신규졸업자의 정기채용을 중단한 기업이 늘어나고 있기 때문에 기업내의 종업원구성의 균형이 깨지고 있는 것으로 알려져 있다. 신규사원이 좀처럼 입사를 하지 않기 때문에 직장에서의 친구집단이 형성되지 못하며, 아울러 청소년이 입사를 하더라도 주변에 또래들이 거의 없기 때문에 아직 익숙하지 않은 직장에서의 고립은 상당히 고통스러운 일이다. 또한 기업이 신규채용을 거의 하지 않기 때문에 시간이 흘러도 일의 내용이 입사 당시와 비교해서 크게 변화지 않으며, 개인적 차원에서 회사 내에서의 중장기적인 계획을 수립하기가 어려운 경우가 많다. 다음으로 소개할 사례는 자신이 희망하던 일을 하게 되었으나, 직장 내에서 고민을 상담해 줄 상대가 없어 고립감을 느껴 결국 회사를 그만둔 경우이다.

전문대 재학중에 취직을 위한 다양한 활동을 했지만, 승무원이 되고 싶었기 때문에 다른 직종에 대한 취직활동은 그만두고 승무원 시험에 집중하여 취직준비를 했으며, 결국 자신이 희망하던 승무원이 되었다. 처음에는 계약직 사원으로 입사했으나, 정규직 사원이 될 가능성은 거의 없었다. 자신이 희망하던 분야에 취직을 하기는 했지만 7개월 정도 근무하는 동안에 주변의 그 누구도 자신을 도와주지 않았으며, 고민상담의 상대도 발견하지 못한 채 결국 회사를 그만두게 되었다.

"입사해서 1개월, 연수가 있었습니다. 연수는 나름대로 좋았습니다만, 외톨이가 된 느낌이었어요. 주변에서 아무도 말을 걸어 주지 않고, 관심도 가져 주지 않았어요. 좋은 선배를 만나지도 못했고, 주변에서도 전혀 도와 주지 않았어요. 제가 운이 나빴던 탓도 있었겠지요. 주변에는 아주 젊거나 30대 이상의 베테랑 승무원은 많은데 20대 중반, 후반대의 사람은 거의 없었어요."(사례2, 23세, 전문대졸 여성)

직장을 그만둔 후 곧바로 예전부터 일하던 패스트푸드점의 매니저로 아르바이트를 다시 시작했으며, 정규직 사원과 다름없는 정도의 업무를 수행했다. 사무직관련 업무를 담당하고 싶었으나, 현재 나름대로 직장 내에서 입지도 굳히고 있으며, 주변에 자신을 따르는 후배도 많았다. 그 때문에 현재 하고 있는 일을 그만두기가 어렵다고 생각하고 있으며, 당장은 지금 하고 있는 일을 그만둘 생각은 없다.

다음 사례는 비서가 되기 위한 공부를 하려고 마음먹고 비서양성전문학교에 입학했다. 재학중에 취직활동을 했으나 자신이 희망하던 비서직 일자리가 거의 없었기 때문에 경리직 분야에 취직을 했다. 하지만 2년반 만에 직장을 그만뒀다.

"우선 경기가 안 좋아서 봉급이 줄어들었던 점도 있으며, 인간관계가 그다지 좋지 않아서 그만두려고 생각하고 있었습니다. 제 바로 위에 있던 경리업무를 담당하던 여자분이 있었는데 그분이 말을 좀 심하게 하시곤 했어요. 그 분이 하는 이야기가 맞는 말들인데도 자주 듣게 되니까 싫어지더군요."(사례3, 23세 여성, 전문학교졸) 이직 후 정규직 일자리를 알아보러 공공직업안정소15)를 찾아갔지만 소개받은 회사가 월 9만 엔 정도로 오히려 아

---

15) 역자 주 : 주로 직업소개, 직업지도, 고용보험 사무처리 등의 업무를 수행하며, 기본적으로 직업안정법의 목적을 달성하기 위해 설립된 기관이다. 모든 서비스는 기본적으로 무료

르바이트를 하는 편이 수입이 더 많기 때문에 프리터가 되었다. "저는 프리
터도 괜찮다고 생각합니다"라고 하면서 당분간은 프리터로 지내면서 1~2
년 정도 지난 후에 정규직으로 들어갈 생각이었다.

인간관계가 커다란 요인이 되어 이직상황까지 가게 되는 경우는 취직하
기 이전부터 명확한 직업의식이 없지만 한 번 정규직 사원으로 근무해 본
결과, 정규직의 단점을 강하게 느끼게 된다. 그 때문에 이직 후에도 일의 의
욕은 높으나, 정규직과 같은 근무형태에는 집착하지 않게 된다.

### ③ 근로조건에 따른 이직

최근 젊은 세대 정규직 사원들의 과중노동이 문제시되고 있다(日本勞働硏
究·硏修機構, 『ビジネス·レーバー·トレンド』, 2004년 2월호).

다음에 제시할 사례는 고등학교에 진학하기 전부터 고등학교를 졸업하면
취직하려고 생각하고 있었으며, 학교를 통해 취직자리를 알아봤다. 일본의
동북지역은 고졸자의 취직문제가 상당히 어려운 곳이라고 생각했지만, 운
전을 좋아했기 때문에 운송회사에 취직할 수 있었다. 고등학교 졸업 후 직
장생활을 시작했다. 실제로 취직을 해 보니까 생각했던 것 이상으로 잔업이
많았으며 몸이 힘들어서 10개월만에 직장을 그만두었다.

"처음 학교를 통해 소개를 받을 때 근무시간은 8시 반부터 5시 반까지였
는데 실제로 들어가 보니까 역시 다소의 차이가 있어 처음 소개받은 내용과
는 달리 입사한 지 얼마의 시간이 지나기 전까지는 7시에 출근해서 6시까
지 또는 5시 반까지 일을 했습니다. 어느 정도 회사생활에 익숙해지니까 아
침 6에 출근할 때도 있고 밤에는 12시가 지나서까지 일할 때도 있었습니

---

이며, 노동대신이 관할한다. 보통 할로워크(Hello Work)라고 하는데, 1990년에 일반
공모를 통해 붙여진 이름이다.

다. 거의 매일 10시나 11시 이후에 퇴근하는 경우가 많았습니다. 매월 잔업시간은 대략 100시간 정도. 직장을 그만두게 된 것도 아침 5~6시에 일어나서 밤늦게 까지 일한 다음, 그 다음날에도 아침 일찍 일어나서 출근하고 하니까 몸이 너무 피곤하더군요. 그래서 그만뒀습니다. 그래도 '다른 사람들도 나처럼 이렇게 일하니까'라고 생각하며 참으려고 했지만 역시 너무 힘들어서……. '같이 입사한 친구들은 없어요?' 라고 물었더니, '한 명 있었어요. 그 친구도 입사 후 2~3개월 정도만에 회사를 그만뒀어요'(사례4, 20세, 고졸 남성)

회사를 그만둔 후 한동안은 집에서 쉬고 있었다. 지금은 공공직업안정소를 다니면서 일자리를 알아보고 있지만 우선은 어떤 일자리가 있는지를 알아보는 정도라고 한다. 1년 이내에 새로운 일을 시작하려고 생각하고 있으나, "역시 지난번의 경험도 있고 해서 신중하게 일자리를 선택하려고 하면 조건에 맞는 일자리가 거의 없어요"라고 한다. 일을 하려는 의욕은 있지만, 구체적인 취직활동을 하고 있지는 않았다. 취직을 하고자 하는 의욕은 높으며, 취직한 이후에도 열심히 직장생활을 했지만 자신감을 잃어버린 상태에 있었다.

## ④ 사실상의 해고

거시지표를 살펴본 바에 의하면 '도산 · 해고' 등 비자발적 이직을 하는 청소년은 극히 드물다. 그러나 필자의 인터뷰에 의하면, 입사하자마자 바로 다른 사원들만큼 업무를 수행할 것을 요구받게 되며, 이러한 기대와 요구에 부응하지 못한 채 결국 자신의 의지에 의해 직장을 그만두는 경우도 있었다(日本勞働研究 · 研修機構, 前揭). 해고는 자신의 장래 직업경력에 악영향을 미칠 것으로 생각해 '자발적인' 이직을 선택하는 청소년도 적지 않다는 것이다.

다음 사례는 취직을 위한 구직활동에도 굉장히 열심이며, 취직을 하고자 하는 의욕도 대단해서 결국 취직을 하게 된 경우이다. 그러나 입사 후 직장 생활에 제대로 적응하지 못했다.

"처음에는 문제없이 잘 적응하고 있다고 생각했습니다. 그런데 여러 가지 생각해야 할 것이 많아서 머리가 굉장히 혼란스러웠어요. 주위로부터 여러 가지 요구를 받게 되고, 때로는 허드렛일이나 심부름을 할 때도 있었어요. 정말 힘들었어요. 휴일에는 뭔가 의미있는 일을 하고 싶은 생각도 없고, 우울하기만 했어요. 어느날 사장님한테 '3개월이 지나도록 잔업을 못하는 사람은 너뿐이야. 창피하지도 않아? 다른 일을 찾아 보는게 어때?' 라는 말을 듣고 이대로 있으면 해고당할지도 모른다는 생각에 스스로 회사를 그만뒀어요."(사례5, 25세, 대졸, 남성)

이번 사례는 해고당할지도 모른다는 일종의 암시를 받고 나서 직장을 다니면서 이직후의 직업경력을 생각하고 있었다. 휴가를 이용하여 공공직업 안정소를 찾아 일자리정보를 수집했다. "그곳에 가보니까 직업훈련학교의 홍보전단이 있길래 그걸 보면서 그냥 이 상태로 계속 있다가는 어떤 회사에도 취직할 수 없을지도 모른다는 생각을 했어요." 청소년을 위한 직업상담기관을 방문하여 앞으로의 진로상담을 받았다. 다니던 직장을 그만둔 후 직업훈련학교에서 전에 하던 일과는 전혀 다른 원예업 공부를 시작했다. 원예업과 관련된 일자리가 그리 많지 않다는 문제가 있기는 하지만 원예를 배우다 보면 하루가 언제 다 지나갔는지 모를 정도로 굉장히 재미있었다고 한다. 앞으로의 취직은 직업지원시설과 상담해 가면서 생각해 볼 예정이라고 했다.

다음의 사례도 대학을 졸업한 다음에는 취직을 하겠다는 강한 의지를 가지고 있으며, 실제로도 구직활동을 시작했다. 그러한 노력 덕택으로 대학을 졸업하기 전에 취직을 할 수 있었다. 직장생활이 무척 힘들다는 것은 아버지로부터 이야기를 들어 어느 정도는 예상을 했지만 실제로 직장생활을 해보니까 업무내용이나 일의 책임 등 자신의 능력을 뛰어넘는 수준이었다.

"허드렛일도 하지 않으면 안 되기 때문에 대체로(일이 끝나는 시간은) 8시 반에서 9시 정도입니다. 밤 11~12시에 퇴근하는 경우도 많았습니다. 저의 실수로 주변 동료들에게 폐를 끼친 경우도 있었으며, 회사에 손실을 입힌 적도 있습니다. 부하직원에게는 그들의 수면시간을 빼앗아가면서까지 일을 시킨 적도 있습니다. 그게 가장 힘들었어요. 상사로부터 꾸지람을 들을 때도 많았지만, 그것보다도 가장 힘들었던 것은 자신의 능력부족으로 인한 불만과 후회 같은 감정이 쌓이게 되고 업무를 수행하는 동안 그러한 스트레스 안고 있어야 된다는 점이었어요. 잠자는 시간도 그리 길지 않은데 더구나 잠을 제대로 잘 수 없었어요.

솔직히 사회인으로서 직장 내에서 최소한의 책임을 지지 않으면 안 된다고 생각해요. 이러한 생각을 가지고 있는 차에 주변에서 '지금 상태로는 무리가 아니겠어'라는 말을 듣게 되었으며, 제 스스로도 지금 상태로는 직장생활을 계속하는 것이 무리라고 판단되어 직장을 그만뒀습니다."(사례6, 25세, 대졸 남성)

직장을 그만뒀을 때는 "다른 일도 나에게는 무리가 아닐까 하는 생각을 하기 시작했어요. 나름대로 노력도 했는데 하는 생각도 했어요"라는 말을 했는데, 정신적으로 매우 힘들었다고 한다. 6개월 정도 집에서 휴식을 취한 다음 청소년지원기관을 찾아 지금까지 자신의 경험을 털어놓음으로 인해 자신의 내부에 쌓여 있는 스트레스와 괴로움을 털어낼 수 있었다고 한다. 그 이후에 단발적으로 아르바이트를 하다가 현재는 구직활동을 다시 시작했다고 한다.

조기이직을 이행의 실패로 보고 그들의 이행과정과 이후의 전망을 검토해 보면 다음과 같은 특징들을 도출할 수 있다.

첫째, 장래의 진로를 깊게 생각해 본 적이 없었으며, 학교를 졸업하고 취직을 하여 '일이 자신에게 맞지 않아서' 취직하자마자 바로 직장을 그만둔 형태는 직장을 그만둔 이후에도 '자신에게 맞는 일'을 하고 싶어 하는 성향이 강하다고 할 수 있다. 그러나 직장을 그만둔 이후 자신에게 맞는 일을 찾기 위한 구체적인 행동을 취하지 않은 채 아르바이트를 하고 있기는 하지만 꾸준하지는 못했다. 결국 이들은 이행과정을 도중에 그만두고 지속적인 직업생활로부터 멀어진 상태에 놓여 있었다. 이러한 청소년은 '자신에게 맞는 일'이 나타나도록 기다리는 것이 아니라 우선은 아르바이트를 하더라도 지속성을 유지하면서 일을 생각하도록 하는 길이 필요하다고 여겨진다.

둘째, '인간관계'로 인해 직장을 그만둔 경우는 취직하기 전부터 취직의 욕은 상당히 높았으나, 직장생활을 하면서 정규직사원의 단점을 강하게 느끼기 때문에 직장을 그만둔 이후에도 일의 의욕은 높으나 정규직사원에 대한 집착은 없었다. 이러한 형태는 엄밀하게 이야기하면 안정된 이행을 경험하고 있다고는 할 수 없지만, 비정규 고용자가 증가하고 있는 오늘날에 이행의 한 유형으로 볼 수 있을 것이다. 그들에게 정규직 사원으로의 이행을 강요하기보다는 어떠한 일이라도 꾸준히 임할 수 있도록 하는 지원방법을 모색하는 것이 현실적이라고 생각한다. 이와 함께 비정규직 고용자의 처우는 사회적 논의가 필요하다는 점은 굳이 언급할 필요가 없을 것이다.

노동시장의 상황이 열악함에도 불구하고 취직을 하려고 열심히 노력하고 있는 청소년 중에 근무조건이 나쁘기 때문에 직장을 그만둔 경우는 직장생활에 피로감을 느껴 휴식상태에 있으며, 앞으로의 진로에 대해 명확한 계획

을 가지고 있지 않았다. '사실상의 해고'인 경우도 마찬가지로 자신감을 상
실한 상태에 있었으나, 취업지원기관이나 상담기관을 활용함으로 인해 직
장을 그만둔 사실을 수용하여 자신감을 되찾았다. 이로 인해 이행과정을 재
구축하여 취직을 위해 노력하고 있었다. '근로조건' 유형에 속하는 청소년
도 자신의 내부에 조기이직이라는 삶의 이벤트가 어느 정도 깔끔하게 정리
되면, 그들은 원래 취업의욕이 강하기 때문에 안정적인 이행이 가능할 것으
로 생각한다. 이들에게는 취업지원기관 및 청소년상담기관의 노력이 도움
이 될 것으로 생각한다.


## 3. 청소년지원에 대한 인식 및 현황

지금까지 일본에서는 학교-직업세계의 안정적인 이행이 이루어져 왔기
때문에 정규직 사원이라는 경험이 없는 청소년들의 취업지원은 거의 이루
어지지 않았다. 그러나 조기이직의 증가는 일본에서도 불안정한 이행을 경
험하는 청소년이 적지 않음을 보여 주고 있다.

일본보다 먼저 청소년의 불안정한 이행을 경험한 서양 선진국에서는 다
양한 경험 가운데 청소년의 성인기로의 이행을 공적 차원에서 지원하는 이
행정책이 등장했다(勞動政策硏究機構·硏究機構, 『若者就業支援の現狀と課題
イギリスにおける支援の展開と日本の若者の實態分析から』, 勞動政策硏究報告書,
2005). 이행정책의 목적은 청소년이 성인으로서의 지위를 획득할 수 있도
록 지원하며, 동시에 청소년을 사회로 통합될 수 있도록 하는 것이다.

일본형 이행기는 아동교육의 책임을 가정이 담당하는 일본 사회의 구조
와 깊게 관련되어 있으며, 이행기의 청소년이 안고 있는 문제를 표면화하기

어렵다는 특징이 있다. 다시 말해 청소년이 이행과정에서 어려움을 겪을 때 가정이 책임감을 가지고 이행을 재구축하도록 지원하는 것 외에 다른 선택의 여지가 없었던 것이다.

그러나 이러한 조기이직률이나 청소년실업률의 상승, 프리터의 증가라는 현상은 일본사회의 경쟁력 저하와 청소년의 직업능력형성기회의 손실을 초래한다는 위기감을 갖게 하여 사회전반에서 다양한 노력을 강구토록 하였다.

2003년 6월에는 후생노동성 · 문부과학성 · 경제산업성 · 내각부 등 4개 부처가 중심이 되어 「청소년 자립 · 도전계획」을 만들었다. 이 계획의 중심적인 내용으로는 「일본형 듀얼시스템(dual system)」 및 「잡카페(job cafe)」, 청소년을 위한 원스톱센터가 있다. 「일본형 듀얼시스템」은 독일의 듀얼시스템을 모델로 한 것이며, 기본적인 체제는 '일하면서 공부한다'라는 것으로, 예를 들면 주 3일은 기업현장에서 실습을 하며, 주 2일은 학교에서 교육훈련을 받는 형태의 시스템이라고 할 수 있다. 정규직 사원의 경험이 없는 청소년도 이용가능한 직업훈련이며, 이 시스템의 주된 대상은 고졸 미취업자이다. 하지만 무직자 또는 프리터도 이 시스템의 이용대상자에 포함된다. 그러나 이 시스템의 모델이 되는 독일에서는 기업이 훈련생을 모집하려고 하지 않기 때문에 청소년이 이 시스템을 활용하기 어렵게 됐다. 일본에서도 어떻게 하면 산업계의 협력을 이끌어 낼 수 있느냐가 중요과제가 되겠다.

'잡카페(청소년을 위한 원스톱센터)'는 정보제공 · 취업상담 · 직업소개 등 일과 관련된 지원을 한 곳에서 모두 받을 수 있는 지원기관이다. 실제 운영이나 서비스는 지역사회의 실정에 맞게 이루어지고 있으며, 지방자치단체의 주체적인 노력을 통해 이루어지고 있기 때문에 나름대로의 특색을 가지고 있다. 이러한 서비스가 청소년을 얼마만큼 이끌어낼 수 있느냐는 미지수이며, 영국에서의 NEET(Not in Education, Employment and Training)와 같이 정책으로부터 멀리 떨어진 채로 남겨진 이들이 나타날 수도 있다는 점을 우려하고 있다.

예를 들면 영국은 청소년실업률이 급부상한 1970년대 말 이후 다양한 정책을 실시해 왔다. 그러나 지원조직이 수직적이기 때문에 지원이 분단되어 정보가 공유되지 못하는 점, 청소년이 안고 있는 문제가 복잡하다는 점 등으로 인해 정책이 실효성을 거두지 못했다는 지적이 있었다.

이러한 과제를 해결할 수 있는 지원의 일환으로 도입된 커넥션즈(connextions)는 지역사회의 주도로 13~19세에 속하는 모든 청소년을 대상으로 실시되고 있는 지원이다(자세한 내용은 勞働政策硏究機構·硏究機構, 2005 참조). 이 지원책의 가장 큰 특징은 CCISs(Connexions Customer Information System)이라는 청소년 진로추적정보데이터베이스를 구축하여, 지원기관의 연계를 도모했다는 점이다. 이러한 데이터베이스로 인해 청소년의 상황을 파악할 수 있음과 동시에 지원기관이 네트워킹화되어 다양한 측면에서의 지원이 가능하게 되었다. 이러한 정보공유와 네트워킹은 향후 일본 청소년의 지원에도 중요한 참고점이 될 것으로 예상한다.

변 화 하 는  청 소 년 과  직 업 세 계

제2부

# 사례연구

# 프리터라는 청소년

최근의 신문기사 중 "부상자는 회사원 (37), 프리터 (23)"이라는 표기가 있었다. 이제까지는 '아르바이트'라고 표기 되어 있었던 것이 '프리터'로 바뀐 것이다. 또 '프리터'라는 말을 만들어낸 잡지 『프롬 에이(From A)』는 2000년에 조사를 실시하여 그것을 토대로 「2000년 판 프리터 백서 현재/미래, 우리들의 현실」이라는 특집을 만들었다. 그 첫 페이지에는 "이제 더 이상 프리터는 사회현상이 아니다. 사회상황이다"라고 기술되어 있었다.

정규직에 취직하지 않고 학생도 아니며, 아르바이트를 계속하면서 생활을 유지하고 있는 '프리터'는 이제 개인의 속성으로 인지되어 가고 있다. 그러나 '프리터'는 바람직한 속성으로 인지되고 있다고는 하기 어렵다. 특히 '평생 빈둥빈둥 놀면서 적당히 아르바이트를 하는 생활이 좋다', '하고 싶은 일을 찾지 못했기 때문에 일단은 프리터가 되겠다' 등의 프리터 의식은 '안정'을 지향하는 부모, 교사에게는 도저히 받아들이기 힘든 것일 것이다. 그러나 한편 '프리터'라는 속성을 감사하게 생각하는 사람도 있다. 그것은 사회부적응자라는 낙인이 찍힐 우려가 있는 '인간관계에 어려움을 느끼는 사람'이다. 특히 청소년과 사회와의 완만한 관계를 나타내는 속성으로서 '프리터'는 의미를 갖는다.

현재를 살아가는 '프리터', 그것은 자신에 대하여 솔직하게 삶을 살아가는 청소년의 라이프 스타일이며, 그것이 오늘날 우리 사회의 현실이다.

## 1. 본 장의 목표와 조사의 개요

### 1) 문제와 목적

'프리터'란 1987년 채용정보 잡지인 『프롬에이』에서 "정규직 사원이 아닌 자유롭게(free) 일하는 사람(arberiter)"을 지칭하는 용어로 사용된 것이 그 시초이다. '프리터'라는 말이 만들어졌다는 것은 그 당시부터 하나의 생활방식, 직업생활의 방식으로 주목을 받고 있었음을 말해 주는 것이다. 프리터는 현재 200만 명에 육박하려고 한다. 프리터의 증가 원인으로는 노동시장의 요인과 더불어 청소년의 의식변화가 그 요인으로 지적되고 있다. 특히 청소년은 직업관, 노동관, 사회적 기술이 충분히 성숙되지 않았다고 하는데 정말 그런 것일까? '아무 걱정 없이 마음 편한', '무엇을 해야 할지 몰라 자신을 찾아 헤매는 식'의 프리터상이 그들의 현실을 반영하고 있는 것이 아닐까.

이 장에서는 고등학교 졸업시점에 정규고용노동자로 취직하지 않으며, 고등교육기관 등에도 진학하지 않은 사람(기존의 학교기본조사의 범주로 말하면 '고졸 무직자'에 해당하는 사람)을 대상으로 면접조사를 실시하였다. 그들의 이야기에 주목하면서 고등학교시절의 아르바이트 경험, 그 후 아르바이트의 실태, 직업 의식, 가정 · 경제 환경 등을 밝히고자 한다. 또한 사례가 제한적이기는 하지만 고졸 프리터(및 그 경험자)에게서 볼 수 있는 생활방식을 그려보고자 한다.

## 2) 조사개요

○ 대상: 도쿄 내 공립고등학교 전일제 보통과 (진로 다양고) 졸업생으로
   졸업시에 '정규직사원으로 취직'도 '진학'도 하지 않은 사람, 20명.
   남성 8명, 여성 12명. 연령은 22(1997년 졸업)~31세(1988년 졸업)
○ 방법: 반구조화 면접법(설문내용은 필자가 설계). 필자가 단독으로 모
   든 대상자 개인과 면접을 실시했다. 또한 면접내용의 녹음과 면접내
   용 공개는 사전에 면접대상자로부터 양해를 구했다.
○ 시기: 2000년 10월~12월
○ 질문내용 : 질문항목은 속성 포함 모두 60항목. 내용은 고등학교 시
   절 아르바이트 경험, 아르바이트의 환경 및 실태, 직업 의식, 장래계
   획, 사회적 자원·사회적 환경 등이다.


## 2. 프리터(경험자 포함)의 모습(사례연구)

### 1) 사례1: K씨 (고졸여성, 31세)

① 프로필

   1969년생. 31세. 1988년 3월, 공립고등학교 전일제 보통과 졸업. 고등
학교시절의 성적은 중위권, 결석은 3년간 14일. 3년간 여자 테니스부에서
비교적 열심히 활동했다. 성격은 밝고 적극적이다. 남녀 불문하고 친구도
많고 반에서 중심적 존재이며 체육행사와 문화제 등에서는 적극적으로 활

동했으며, 학급 내에서 지도적 역할을 했다. 고등학교 재학 당시부터 계속
해서 신발가게 점원, 주유소 점원, 호텔의 침구정리 보조 등의 아르바이트
를 경험. 졸업 후에는 가업(식음료업)을 도우면서 마작가게 점원, 파친코 가
게 점원, 클럽 점원 등 보수가 좋은 아르바이트를 경험. 그 후 약 2년간 미국
에서 생활. 귀국 후에는 가업을 도우며 영어를 살릴 수 있는 일을 찾고 있었
다. 현재는 미군관계 음식시설에서 웨이트리스로 근무(2주간 교대 근무. 월수
입은 약 14만 엔). 가족은 아버지(69세, 상업고교 졸업. 자영업), 어머니(64세,
일반고교 졸업. 전업주부), 오빠(38세, 일반고교 졸업. 자영업, 기혼), 올케(38세,
일반고교 졸업, 주부, 아르바이트), 큰 언니(36세, 일반고교 졸업, 가업을 돕다가
결혼하여 주부), 둘째 언니(32세, 상업고교 졸업, 가업 도움), 할머니(91세).

## ② 고등학교시절

"고등학교시절에 열심히 한 것은 동아리활동(테니스)이며, 그 다음은 3학
년부터는 F군과의 교제(연애)"

고등학교 입학 직후 아르바이트 시작. 처음에는 반 년 정도 신발가게에서
판매원(시급 750~800엔)을 했다. 그 후에는 주유소 점원(시급 850엔 정도)
을 2년 정도. 고등학교 3학년 후반에는 호텔에서 침구정리 보조(시급 950
엔). 이 일과 병행하여 크리스마스 때 케이크 판매, 밸런타인데이 때 초코렛
판매 등 단기간 아르바이트를 경험했다. "수입은 한 달에 8만 엔 정도였어
요. 자전거 등 사고 싶은 것을 사면서 거의 전부 써버려서 저금 같은 것은
생각하지 않았어요." 고등학교졸업시 진학도 취직도 희망하지 않았다.

"결혼이 무엇보다 우선이었어요. 사귀고 조금 지난 시점에서 결혼해야겠
다고 생각했어요. 그래서 결혼할 때까지 돈을 모아 여러 가지 일을 즐긴 후
22~23살이 되면 결혼해야지 하고 생각했었어요."

### ③ 고등학교 졸업 후의 생활

고등학교 졸업 후 언니 두 명과 함께 24살까지 약 6년간 가업인 식음료업(커피숍)을 도왔다. 결혼을 하지 못하게 되었으며, 그 시기에 집안에서 금전적인 관계로 인해 문제가 생겨 어쩔 수 없이 아르바이트를 다시 시작했다. "일단 고액 아르바이트를 찾으려고 했어요. 가장 먼저 한 아르바이트가 메구로(目黑)에 있는 마작가게였어요. 오후 5시부터 밤 11시까지 일을 하며 시급은 1500엔이었어요. 하는 일은 손님이 오면 차를 따서 가져가는 것뿐이었어요. 1년 정도 했는데 가게를 닫는다고 해서 그만두었어요. 그 다음에 한 것은 3개월 한정의 경마장 안에 있는 파친코 가게였어요. 시급은 3000엔. 미국에 가고 싶은데 돈이 필요하다고 부탁했더니 원래는 주 3일 밖에 할 수 없는데, 주 5일 일을 할 수 있게 해주셨어요. 그 다음에는 긴자(銀座)에서 점원 일을 했어요. 점원은 월~금요일로 주 5일 근무하며 저녁 6시부터 오전 0시 반까지 일을 하고 팁을 포함해서 실수령액이 35만~40만 엔 정도가 되었어요. 토요일과 일요일은 슈퍼마켓에서 판매보조원을 하기도 했으며, 광고전단을 나르는 등 다른 아르바이트를 해서 돈을 벌었어요. 고액 아르바이트는 나름대로 경험했다고 생각해요."

고액이라고는 하지만 정신없고 분주한 아르바이트 생활에 의문을 품게 된다.

"결혼도 못하게 되고 단지 집(부모님)을 위해서 일하고 있다는 게 굉장히 싫어졌어요. 그래서 이대로 가면 안 되겠다고 생각해서 스스로 목표를 정해 그것을 위해 힘들게 일하고 있다고 생각하면서 참기로 했어요. 그것을 위한 돈을 벌자는 생각으로 여러 가지 아르바이트를 했어요. 그런 생활을 27살까지 해서 대충 300만 엔 정도 모아서 샌디에이고로 갔습니다."

④ 미국 생활

"학생비자로 갔기 때문에 일단 유학이라고 할 수 있겠죠. 그래도 저는 처음부터 유학(遊學)할 생각으로 갔으며, 유학은 지금까지 고생하고 노력한 자신에게 주는 상이라고 생각했어요. 결혼에도 미련이 있었어요. 환경을 바꾸고 모르는 곳에서 전혀 다른 자신이 되고 싶었어요. 그러면서 영어라도 어느 정도 할 수 있으면 괜찮겠지 하는 정도의 마음가짐……. 결국에는 돈이 떨어져서 돌아왔지만 미국에서의 2년 간은 마음 같아서는 좀더 있고 싶었는데, 그래도 그 정도면 충분하다고 생각했어요. 진짜 생활이 아니라고 할까, 결국 이것은 현실세계가 아니고 언젠가는 일본으로 다시 돌아가야 한다는 생각이 들었어요. 그래서 나름대로 마음의 정리를 했어요."

⑤ 귀국 후

"일본에 돌아왔을 때는 솔직히 2년간 부모님 곁을 떠나 있었기 때문에 부모님께 효도해야겠다고 생각했어요. 아르바이트라도 할까 생각했지만 무작정 일해야지 라든가, 고액 아르바이트를 찾아야겠다는 생각은 안 했어요. 아르바이트든 정식사원이든 어느 쪽이라도 상관없었어요. 중요하게 생각했던 것은 영어를 잊어버리지 않는 환경이었다고 생각해요."

그 후 그는 '일자리 찾기'를 시작하지만 연령과 미혼이라는 사실이 장애물이 되어 일자리를 전혀 구하지 못하게 되었으며, 결국 살아갈 자신을 잃어버린 상태가 되었다. 점점 초조해지는 가운데 활기를 찾고자 무언가를 해야겠다고 생각하여 마침 친구가 일하고 있던 동네에 놀러 가서 우연하게 지금 하고 있는 일을 찾게 된다.

## ⑥ 현재생활

"지금은 미군기지 내에 있는 레스토랑에서 웨이트리스 일을 하고 있어요. 근무는 2주 단위로 교대근무를 해요. 일찍 출근하는 날은 주 5일, 9~17시 45분까지 근무하며, 근무시간 내에 45분간 휴식이 있어요. 늦게 출근하는 날은 주 6일로 7시간 근무하는 날이 있고, 6시간 근무하는 날이 있어서 7시간 근무하는 날은 13시 45~21시 30분 근무로 45분간 휴식이 있으며, 6시간 근무하는 날은 15시 30~21시 30분 근무로 30분간 휴식이 있어요. 고용조건이나 휴식시간 등은 제대로 지켜지고 있는 것 같아요. 급료는 제가 일을 시작한 지 아직 1년이 채 안 되어 웨이트리스의 최저 임금으로 평균 한 달에 13만 7000엔 정도 받아요. 그리고 교통비가 별도로 2만 엔 정도 나와요. 일 때문에 약간 바쁜 편이어서 돈 쓸 시간이 없기 때문에 부유하진 않지만 생활하기에는 지금의 수입이 적당한 것 같아요."

## ⑦ 장래전망

"나중에는 장인(職人) 같은 일을 해보고 싶어요. 제 나름의 리듬을 유지하면서 할 수 있는 일이라고 할까……. 회사에 들어가서 모두가 하는 그런 형태의 일이 아닌 일을 하고 싶어요. 결혼해서 남편이 직장에서 구조조정을 당한다거나, 사업에 실패해서 가족 모두가 힘들어지는 게 싫었기 때문에 이런 저런 생각을 했어요."

## ⑧ 직업관, 노동관

"일이란 게 살아가는 데 필요한 것. 일하지 않으면 생계유지가 안 되며 돈이 있어서 하고 싶은 일을 다 할 수 있다면 그것은 행복한 일이지만 그런 일은 있을 수 없기 때문에 제가 하고 싶은 일을 하면서 한편으로는 하지 않으면 안 되는 것이 일이라고 생각해요. 살아가면서 그러한 상황이 계속된다고 생각해요. 그래서 일의 내용에는 신경 쓰지 않아요. 일이 제 생활의 전부가 아니니까. 하고 싶은 일은 그때그때 생기고, 그러한 하고 싶은 일을 실현하는 수단이 직업인 거죠. 살아가기 위해서이기도 하며 무언가를 하기 위해서이기도 하고 그런 것을 위한 수단이죠. 목적이 아니에요. 적어도 제 자신에게는 목적이 아니에요."

## 2) 사례2: Y씨 (고졸남성, 22세)

### ① 프로필

1978년 생. 22세. 1997년 3월, 공립고등학교 전일제 보통과 졸업. 고교 시절 성적은 상위권, 거의 대부분 반에서 1등. 비교적 부드러운 인상이었지만 심지가 굳고 기억력이 뛰어나며, 특히 영어성적이 좋았다. 결석은 3년간 11일. 댄스 동호회에 들어가 비교적 열심히 활동했다. 4년제 대학진학을 희망했으나 경제적 이유로 포기. 고등학교 재학시절부터 계속해서 아르바이트를 경험. 졸업 후에는 초밥배달, 꽃가게를 거쳐 현재는 술집주방 담당(주 5일, 오후 4시부터 다음날 아침 6시까지 일하며 월수입은 30만 엔 정도). 가족은 아버지(61세, 상업고교 졸업. 법률사무소 아르바이트), 어머니(60세, 일반 고등학교 졸업. 병원사무 아르바이트), 누나(28세, 공립 고등학교를 거쳐 전문대 졸업 후에는 사무직 정규사원이 되었음. 현재는 결혼하여 전업주부, 현재 둘째 아이 임신 중. 근처에 거주), 형(24세, 공립 상위권 진학 학교 졸업. 대학입시에 실패하여 2년간 프리터 생활 후, 음식점 경영회사 정규사원이 되었음. 현재는 매장 관리직에 있으며 월수입 60만 엔 정도).

### ② 고등학교시절

원래는 고등학교에 진학하지 않고 미용전문학교의 고등과정을 거쳐 미용사가 되고 싶었다. 주변에서 고등학교를 졸업한 다음에 미용전문학교에 진학해도 늦지 않다며 설득을 해서 일단 고등학교에 진학했다. 입학 직후부터 패스트푸드 점원(시급 800엔) 아르바이트를 시작하여 여름방학이 끝나고 나서 예전부터 동경하던 미용실 아르바이트를 찾았다. "미용실에서 허드렛일 아르바이트를 해보았어요. 그랬더니 생각했던 것과는 너무 달랐어요. 지금 생각해 보면 그런 건 다른 곳도 마찬가지잖아요……. 인간관계라든가. 그래서 미용사가 싫어졌어요. 그 다음에 한 아르바이트는 초밥집 배달 일로 고등학교 2학년 때부터 졸업 후까지 계속했어요. 수입은 한 달에 13만 엔 정도였어요. 고등학교를 졸업하면…… 막연히 진학이라도 할까 생각했는데, 구체적으로 진학은 별로 깊게 생각하지 않았어요."

### ③ 고등학교 졸업 후의 생활

고등학교 졸업 후 약 1년간 초밥집 배달 아르바이트를 했다(시급 1010엔). 그 일을 그만두고 약 4개월간 백수. 서핑 하러가거나 파친코를 하면서 지냈다. 여름이 지나갈 무렵 친구와 둘이서 꽃가게 아르바이트를 시작하여 약 반 년간 아침 9시~밤 8시로 거의 매일 일했다(시급은 860엔).

"꽃가게를 그만 둔 이유는 M군(친구)이 사정이 있어 전화를 하고 쉬었는데, 다음 날 출근했더니 라커에 '해고처분'이라고 쓰인 종이가 붙어 있었다. 납득이 가지 않아 둘이서 점장한테 가서 따졌더니 납득할 수 없는 이유들만 늘어놓아서……. 우리도 하고 싶은 말하고 둘이서 그만뒀어요."

그 후 형의 소개로 현재의 아르바이트를 시작한 지 약 2년이 되었다.

④ 현재 생활

"지금은 술집에서 주방 일을 하고 있어요. 들어갔을 때는 시급 1010엔이 었고 지금은 1050엔입니다. 점장이 바뀔 경우 가끔씩 시급이 내려가는 경우가 있기는 하지만 대체로 이 정도 수준의 시급을 받습니다. 10시까지는 이 정도의 시급이고 10시가 넘으면 1270엔, 잔업시급은 1500엔 정도인 걸로 알고 있습니다. 그래서 4시부터 일을 하면 잔업시급이 적용되기 때문에 이익이에요. 1주일에 5일, 저녁 4시부터 다음 날 아침 6~7시까지 일해서 한 달 평균 25만~30만엔 정도를 받습니다. 교대제로 일찍 출근하거나 늦게 출근하는 경우도 있는데 매주 다릅니다. 국민연금과 건강보험은 지금의 아르바이트로 바꾼 뒤부터는 대체로 꾸준히 내고 있습니다. 생활패턴은 대체로 아침 8시쯤 자고 오후 3시쯤에 일어납니다. 일찍 출근해서 11시쯤에 끝났을 때는 대체로 비디오 등을 보며 아침까지 일어나 있다가 그 후에 잡니다. 일찍 자면 생활리듬이 엉망이 되니까……. 11시 정각에 일이 끝나면 친구한테 전화해서 같이 놀곤 합니다. 수입은 부모님께 일부 드리고 나머지는 써버립니다. 술 마시러 가거나 자동차 주차비나 보험, 쉬는 날 파친코를 하러 갑니다. 그리고 또 평소 식비로 사용합니다. 전에는 자동차 할부대금을 갚는 데 썼습니다. 여기 저기 사용하고 남은 돈으로 저축을 합니다. 매달 얼마라고 정해서 저축하지는 않습니다. 지금 30만~50만 엔 정도 있지 않을까요. 아르바이트 이외에는 최근에는 별로 가지 않았지만 전에는 주 1회 친구들과 서핑하러 갔습니다. 지난 달과 이번 달은 바빠서 가지 못했지만. 친구들과 휴가날짜가 같으면 가고 싶어요. 휴가날짜가 맞지 않으면 혼자 가도 재미 없고……."

지금 갖고 싶은 것은 특별히 없다. 지금 즐거운 일도 특별히 없다.

"친구들과 서핑하러 가는 것은 즐겁지만. 지금은 아직 가지 않았지만 스

노보드를 타러 다 같이 가자는 얘기를 하고 있어요. 기대돼요."

### ⑤ 아르바이트 생활의 장단점

"계속해서 아르바이트를 하고 있는 데는 별다른 이유가 없어요. 남들보다 늦었다는 기분이에요. 고등학교 때 졸업하고 나서 정규직사원이 되려고 생각했다면 아마 지금쯤 그렇게 되어서 남들처럼 평범하게 생활하고 있겠죠. 아르바이트 생활(프리터)의 장점은 무엇일까? 그래도 정규직사원이 되고 싶지는 않아요. 평범하게 생활하는 직장인을 봐도 그렇게 좋아 보이진 않아요. 사람이 없으니까 쉴 수 없고 실제로 일한 만큼 봉급이 나오는 것도 아니고……. 일을 하면 한 만큼 보수를 받을 수 있는 게 프리터의 장점인 것 같아요. 아르바이트 생활(프리터)의 단점은 장래가 보이지 않는다는 것? 안정되지 않는다고 할까. 그래도 알고는 있지만……. 하는 느낌이에요. 마음 편하게 살고 싶다든가 자유롭게 살고 싶다는 생각은 하지 않아요."

### ⑥ 정규사원 · 프리터의 이미지

"제가 생각하기는 '정규직사원'은 앞으로 그렇게 사는구나 하는 식의 이미지입니다. 아르바이트는 가능성이 있다고 할까, 아직 선택할 수 있다는 이미지입니다. 본인이 정규직사원도 괜찮다고 생각해서 그 길을 결정했다면 그것도 그 나름대로 괜찮다고 생각해요."

### ⑦ 장래 전망

"지금은 특별히 희망이란 게 없어요. 지금은 이대로가 괜찮다고 해야 할까……. 이제부터 해 보고 싶은 일은 보육원 선생님. 구청의 아르바이트 모집에 엽서를 보내서 응모해 봤는데 아무런 연락도 없어요. 보육원 선생님이 되어도 좋을 것 같다고 생각은 하지만 역시 수입면을 생각하면 조금 힘들죠……. 하고 있는 사람의 이야기를 들어보는 것이 가장 좋다고는 생각하는데, 아직 이야기를 들어보지 못했어요. 어떨까요? 장래성 같은 것을 볼때……."

언제까지 아르바이트 생활을 계속할지는 전혀 모른다고 한다.

"달리 할 일도 없고, 지금의 아르바이트를 그만둘 생각도 없어요. 인간관계랄까, 점장도 자주 바뀌니까 그런 건 싫지만, 일 자체는 재미있어요. 어느 정도 일에 자신감 같은 것도 있고……."

## ⑧ 직업관, 노동관

"개인적으로 저는 그냥 평범하게 일하고 있다고 생각해요. 하는 일은 사원과 다를 바 없고, 그냥 아르바이트라는 꼬리표가 붙어 있는 느낌이에요. 별로 생각해 본 적 없어요. 무슨 일을 하냐고 물어봐도 '프리터'라고 얘기 안하잖아요? 술집에서 요리를 하고 있다든지 실제로 하고 있는 일을 말하기 때문에 프리터라는 말 자체를 별로 쓰지 않아요. 하고 있는 일과 정규직사원인지 여부는 관계없고……. 가족들은 아무것도 말하지 않아요. 낮에 일을 하는 것이 더 낫지 않을까 하는 정도. 자신이 무엇에 소질이 있는지 특별히 생각해 본 적 없어요. 미용사가 싫어진 뒤로는 특별히 하고 싶은 일도 없었고……. 잘 생각해 보면 그 때부터 보육원 일에 관심이 있었던 것 같기도 해요. 이제까지 아르바이트 생활을 해 오면서 자신감이라고 할 것까지는 없지만 해 보니까 할 수 있겠다는 정도의 느낌은 들어요."

## 3) 사례3: S씨 (고졸여성, 22세)

### ① 프로필

1978년생. 22세. 1997년 3월 공립고등학교 전일제 보통과 졸업. 고등학교 시절의 성적은 중위권, 결석은 3년간 32일. 성격은 비교적 밝고 남을 잘 챙기는 편, 농구부 매니저로 활동했다. 취업을 희망했으나 고등학교 3년 1학기가 끝날 무렵 졸업이 어렵게 되어 취직활동을 할 수 없었다. 2학기 말 새롭게 졸업이 가능하게 되었지만 본인이 원하던 일자리에 채용인원이 없어 진로를 결정하지 못한 채 졸업했다. 고등학교 입학 직후부터 계속해서 아르바이트를 경험, 졸업 후에는 초밥가게 배달(약 1년), 과자판매 아르바이트 (약 1년)를 거쳐 그 후 1년 가까이 아무것도 하지 않은 채 시간만 보냈다. 그 후 휴대전화 판매점에 근무하였으며, 현재는 정식사원에 준한 대우를 받고 있다(주 5일, 오전 9시~저녁 8시쯤 근무하며 월수입은 실 수령액 15만 엔 정도). 가족은 아버지(42세, 고교중퇴, 현재는 토목건축자영업. S씨가 고등학교 재학 당시에는 일용직 중장비 운전), 어머니(33세, 학력불명, 주부), 여동생(5세), 할아버지(69세), 할머니(68세). 생모(39세, 고교중퇴, 현재는 다른 남자와 결혼해서 자녀 있음)는 비교적 가까이에 거주.

### ② 고등학교 시절

고등학교 입학 직후부터 아르바이트를 시작. 아이스크림 판매, 편의점 점원(시급 800엔 정도) 등 많은 일을 하지만 모두 오래 지속하지는 않았다. "편의점은 친구와 같이 하려고 했는데, 친구와 같은 시간대에 교대를 하지 못해서 그냥 그만두었어요."

그 후에도 다양한 아르바이트 경험. 비교적 오래 한 것은 친구와 함께 한

고기집(시급은 800~920엔)과 초밥집 배달(시급 800엔)

"A씨(유급해서 같은 반이 된 선배)가 헬스클럽 전단지 돌리기 같은 일을 해 보라고 해서 그런 것도 꽤 했어요."

고등학교 시절 아르바이트 수입은 대체로 평균 13만~15만 엔 정도였다 고 한다.

"다 썼어요. 명품을 사거나 휴대폰이나 옷 등… 그리고 교제비? 노는 데 많이 썼어요. 노래방에 매일 갔었고……."

고등학교를 졸업할 무렵의 진로희망은 취직이었다.

"원래는 취직을 하고 싶었어요. 제가 1학년 때 학점을 취득하지 못해서, 결석도 많았고, 3학년 1학기 때 졸업을 못할 상황이었어요. 제대로 취직했 다면 인생이 바뀌었을지도 모르죠. 성실한 여직원이 되었을 수도 있고. 어 쩌면 회사 동료와 사랑에 빠져서 결혼해서 애가 있었을지도……."

### ③ 고등학교 졸업 후 생활

고등학교 졸업 후에도 계속해서 초밥집 아르바이트를 1년 정도 했다. 주 5일 일하고 15만 엔 정도의 수입이었다(시급은 800~870엔).

"초밥집 아르바이트는 같이 일하던 아주머니 중에 너무 좋아하던 분이 있 었는데, 가게주인으로부터 나이가 많으니 일을 그만두라는 말을 듣고 해고 를 당했어요. 그래서 저도 '그럼 나도 그만두지 뭐'라고 생각하고 일을 그만 뒀어요."

그 이후 신문에 끼워져 있는 전단지에서 과자판매 아르바이트 발견. 약 1년 간 거의 매일 일을 했으며, 월수입은 20만 엔 정도였다(시급 1000엔).

"영업 끝나고 가게 뒷정리하는 게 싫었어요. 돈이 모자라거나 하면 의심 받고……. 좋았던 점은 남은 것을 가져갈 수 있다는 것과 공항이라서 연예

인을 볼 수 있다는 것. 과자 판매 아르바이트를 그만 둔 이유는 가와사키(川崎)에 살게 되면서 멀다고 생각해서. 또 일이 싫다기보다는 점장이 싫었어요. 높은 사람과 술을 마시러 가는 접대 때 제가 일개 아르바이트인데 절 데려가서 술을 따르게 하거나 이야기 상대를 시키거나 노래방 같은 곳에서 억지로 노래를 부르게 했어요. 아르바이트인데 아저씨 상대까지 해야 하는 것이 싫었어요. 가지 않으면 그만두게 할 거라는 식의 말을 해서 어쩔 수 없어서 갔어요."

과자판매 아르바이트를 그만둔 뒤에는 클럽에서 접객 아르바이트를 시작했는데 1주일 정도 뒤에 남자친구가 다른 남자와 얘기하지 말라며 화내서 바로 그만두었다. 그 후 약 1년간 완전히 백수생활을 함.

"남자친구 부모님께 돈을 빌려 파친코에 가서 그 걸로 돈을 벌곤 했어요. 꽤 벌었어요. 잘은 모르겠는데 운이 좋아서 그런지 돈을 꽤 벌었어요. 이 일로 생활이 가능할 것 같았어요. 굉장히 호화롭게 놀지는 못했지만 일상생활을 유지하기에는 충분하다고 할까 별다른 지장이 없었어요. 후후……."

### ④ 현재생활

지금 하고 있는 일은 휴대전화 판매로 이 일도 신문 전단지에서 발견했다. 접수 업무인데 나중에 사원으로 채용하는 경우도 있다고 했으며, 시급 900엔이라는 조건이었다. 현재는 준사원 신분이며, 실수령액은 15만 엔 정도. 실수령액은 아르바이트 때와 다를 바 없다. 연금과 보험은 내고 있다. 생활패턴은 아침 8시 정도에 일어나 아침식사는 하지 않고 출근. 10시부터 저녁 6시반까지가 영업시간이지만 잔업이 거의 매일 있어 저녁 9시 정도에 귀가하는 경우가 많다. 그리고 저녁식사, 세탁, 텔레비전을 보다가 자는 시간은 새벽 1시 정도. 주 5일제로 쉬는 날은 거의 집에 있다. 현재 관심이 있는 것, 하고 싶은 일은 특별히 없다. 현재의 일은 내년 3월에 그만둘 생각이다.

"현재의 생활을 바꾸고 싶어서……. 그 뒤에는 정규직사원이든 아르바이트든 상관없어요. 지금 준정규직 사원으로 일을 하고 있기 때문에 스트레스가 쌓인 상태라서 아르바이트로 돌아가고 싶은 생각도 들어요. 아르바이트가 돈을 더 벌 수 있고 아르바이트 기분을 맛보고 싶어요."

⑤ 아르바이트와 정규직사원의 차이

"정규직 사원이 책임은 더 크지만 어떤 의미로는 확실히 쉴 수 있으니까 그 쪽이 좋을지도 몰라요. 아르바이트보다는 정규직 사원이 생활은 안정되어 있다고 생각하지만 아르바이트가 마음은 편해요. 돈은 아르바이트를 하는 편이 더 잘 벌어요. 아르바이트와 정규직 사원 둘 다 해 보고 나서 느낀 점은 정규직 사원은 여러 가지를 생각하면서 일을 하는 구나하는 것을 알았어요. 회사의 구석구석까지 세부적인 일들을 혼자서 책임지고 처리한다는게 너무 힘들었을 것 같다는 생각을 해요. 다만 전문대 졸업자가 처음부터 정규직사원인 건 납득을 할 수 없어요. 능력이 월등하다고 하면 이해가 가지만 학교에서 배운 것이 직장생활에서 그렇게 도움이 된다고는 생각하지 않아요. 학교를 나왔다고 대단하다고도 생각하지 않고, 나와 그다지 다를바 없어요. 오히려 제가 더 '어른'인 것 같아요."

⑥ 직업관, 노동관

"일하는 것을 좋아하니까 문제없어요. 손님접대를 아주 좋아해요. 재미있어요. 사람과 교류하는 것이……. 하지만 가능하면 돈이 있어서 아무것도 하지 않는 것이 제일 좋다고 생각해요. 일하는 것은 돈을 벌기위해서예요. 우리 집은 아주 가난한 것은 아니지만 그렇다고 여유가 있는 것도 아니어서 일을 해야 한다는 책임감 같은 것이 있어요. 내 물건은 내가 벌어서 사야한다고 생각했어요. 한 달에 20만~25만 엔 정도 준다면 그 정도는 받고 싶어요. 그 만큼만 받으면 더 바빠도 좋고 잔업도 많이 할 거에요……. 접객 이외에 사무업무도 할 수 있을 거라고 생각해요. 이야기하는 것을 좋아해서 접객은 자신 있고 익숙해지면 사무업무도 별로 어렵지 않을 것 같아요.”

⑦ 장래 전망

“앞으로 서른 살까지는 결혼하고 싶지 않아요. 여자라 그 뒤에 결혼할 수 있으니까 적당히 일하고 적당히 제가 갖고 싶은 것을 사고 즐겁게 지내다가 좋은 사람과 결혼하고 싶어요. 결혼상대는 가정에 충실한 사람이 좋아요. 그 쪽이 더 잘 맞는 것 같아요. 그래도 폭력은 절대 싫어요. 아이는 좋아하지만 좋아하는 사람의 아이가 아니면 키울 수 없어요. 만약 아버지가 가까이에 살고 있지 않고, 남자친구와 헤어진다면 큰일이에요. 다른 남자를 찾아 그 사람 집에 들어가 버릴지도 몰라요.”

## 3. 프리터의 삶의 방식

이번 조사에서 나타난 고졸 프리터, 프리터 경험자의 생활특징을 다음과 같이 정리할 수 있겠다.

① 프리터는 ‘생활자’

프리터는 일상생활을 중요시하는 ‘생활자(生活者)’이다. 일하는 것을 좋아한다. 싫어하는 일은 하고 싶어 하지 않지만 일의 내용과 고용형태에는 그다지 신경 쓰지 않는다. 일은 생계유지의 수단이며, 중요한 것은 바로 '돈'이다. '친구'도 소중하다. '친구들'도 매우 중요하다. 노동의 의의와 많은 사람의 생활의 원점이 여기에 나타난다. '직업을 통해 자아실현을 한다'는 상층부의 화이트 칼라적인 가치의식으로는 결코 설명할 수 없는 세계가 여기에 있다. 세상의 많은 사람은 이 세계에서 살고 있으며, 그런 의미에서 프리터는 결코 특별한 사람이 아니다.

## ② 대도시 고졸 프리터는 고등학교 시절부터 이미 하나의 '소비생활자'

앞에서 사례로 든 3명의 고등학교 시절 아르바이트 경험은 다른 모든 조사대상자와 공통점이 있다. 그들은 모두 아르바이트 경험이 있으며, 그 중 대부분은 고등학교 입학 직후부터 졸업할 때까지 계속해서 아르바이트를 하고 있었다. 게다가 월수입은 대개 10만 엔이 넘는다. 그 중에는 월수입 30만 엔 이상, 고교 재학중에 200만 엔을 저축한 사례도 있으며, 사용목적을 봐도 이미 '소비자'로서 충분히 그 몫을 하고 있다고 할 수 있다. 그러한 소비생활을 유지하는 것이 졸업 후의 목적이 되는 것은 당연한 귀결이다. 그들의 '친구' 중 정규직사원으로 취직한 대부분의 사람들이 휴일에 아르바이트를 하고 있기도 하다. 고용형태에 신경 쓰지 않는 것도 그 자체에 그다지 가치를 두고 있지 않기 때문이다.

## ③ 프리터는 매우 '현재지향적'

시간을 중요시하는 면에서는 매우 강한 현재지향성을 띠고 있다. 장래전망은 막연하기는 하지만 어느 정도는 생각을 하고 있다. 직업적으로 무언가가 '되는 것'도 무언가로 '있는 것'도 중요시하지 않는다. 오히려 그런 것들을 생각하고 있지 않다. 일상생활에서 그들의 행동능력을 볼 때 목표를 설정하면 그것을 향해 돌진할 것으로 생각한다. 그것을 현시점에서 하지 않는 것은 현재를 더 우선시하기 때문이다. '하고 싶은 일을 찾고, 그것을 발견하지 못한' 채 사회를 헤매는 일반적인 프리터의 모습은 타당하지 않다. '하고 싶은 일'이 '지금은 없다'는 편이 정확할지도 모른다. 그런 의미에서 그들은 '현재를 살고 있는 것'이며, '자기 찾기' 등으로 느긋한 세계에서 살고 있지 않다.

### ④ 대부분 가까이에 '비정규 노동자'의 모델이 있다

형제자매, 경우에 따라서는 부모가 비정규 고용노동자인 경우가 매우 많다. 그래도 생활하는 데 문제가 없으며, 경우에 따라서는 일반 정규직 노동자보다 높은 수입을 얻고 있다. 가까이에 모델이 있기 때문에 불안정하다고는 생각하면서도 비정규 고용에의 저항은 비교적 적은 것이 아닐까 한다.

사례에서도 알 수 있듯이 그들의 라이프스타일과 의식은 출신계층의 문화가 깊게 반영된 것이다. 고등학교시절에 학교생활을 즐기면서도 학교문화 안에서 지도하고자 하는 '바람직한' 생활에 적극적으로 관여하지 않는 배경에는 그것과 맞지 않는 그들의 문화가 있었다고 할 수 있다. 당연한 일이지만 지금 다시 한번 그렇게 생각하게 된다.

# 청소년의 미래와 사회의 미래

**중**국을 통일한 진시황제가 마지막으로 바랐던 것은 영원한 생명, 영원한 젊음이었다고 한다. 그 정도로 절대적인 권력과 부를 가진 진시황제와 비교해도 현대 일본인의 생활의 편리함, 쾌적함 그리고 안락함은 그다지 뒤지지 않을 것이다.

만약 진시황제가 지금의 일본 사회로 돌아온다면 자동차, 지하철, 비행기, 영화, 텔레비전, 컴퓨터, 휴대전화, 에어컨 등을 보고 놀라움을 금치 못할 것이며, 현대사회의 일본인은 자신 이상으로 자신보다 훨씬 더 풍요로움을 즐기고 있지 않나 하는 질투를 할지도 모를 일이다. 이러한 풍요로움을 일본인이 즐길 수 있었던 것은 아직 100년도 채 되지 않는다. 그럼에도 불구하고 우리는 이러한 풍요로움을 '너무나도 당연하게 생각하고 있음'에 의심의 여지가 없다. 특히 청소년이 그러하다.

물론 예전에 청소년 중 굶주림에 시달렸던 이들도 많았으며, 지금도 세계 각지에서는 기근으로 죽음을 맞이하는 이들이 많이 있다는 것을 머리로는 알고 있다. 그러나 그들은 앞으로 일본에 그러한 상황이 닥친다거나, 자신에게 그러한 상황이 닥친다는 것을 전혀 예측하고 있지 않을 것이다.

그러나 과연 지금과 같은 풍요로움이 계속될 것인가? 경제가 급속하게 악화되어 국가는 막대한 적자를 떠안게 되며, 실업가가 거리에 넘쳐나는 시대가 닥쳤을 때, 지금의 청소년에게 그러한 상황의 복구 및 개선을 기대할 수 있을까?

「이 장의 청소년의 미래와 사회의 미래」는 이러한 어두운 의문에서 출발한다.

# 1. 요 약

## 1) 고용구조의 대변동

제1장에서는 독일과 미국을 비교하면서 일본 청소년의 직업사회화를 학력이나 학교간 격차, 학업성적 등을 고려하여 '내부승진·장기고용시장' 접속형에 해당한다고 설명하였다. 이러한 형태를 독일의 도제훈련제도로 바꿔 나가는 것은 미국도 실패한 바와 같이 일본에서도 현실적으로는 적용이 어려울 것으로 여겨진다. 그럼에도 불구하고 '내부승진·장기고용시장' 접속이라는 종래의 구조는 시대의 흐름 속에서 크게 변화하고 있다.

코스기 레이코(小杉禮子)는 제2장에서 그 변화를 정확하게 설명하고 있다. 우선, 거품경제 붕괴 이후 경제발전의 감속현상과 정체 그리고 경제계에서의 고용구조 변화를 정확하게 지적하고 있다. '장기축적능력 활용형', '고도전문지식 활용형', '고용유연형'이라는 고용형태의 분리와 그 조합의 제시가 변화의 전형적인 형태이다. 그 중 고용유연형이란 비정규고용자를 가리키는 것이며, 다르게 표현하면 '용도폐기형'이라고 할 수 있다.

이러한 것은 경력과 직업적 정체성이 결여된 비숙련노동자층과 언제라도 해고할 수 있는 노동자층을 앞으로는 단순한 경기변동에 따른 고용조정을 위해서가 아니라, 노동자의 세 가지 형태의 하나로 기업이 일상적으로 만들어 내는 일종의 의사표시라고 할 수 있다.

코스기 레이코는 이러한 현상을 "우선적으로 생각해 볼 수 있는 것은 경기요인으로 이러한 이유에 의한 채용의 감소분은 향후 경기회복에 의해 회복될 가능성이 크다. 그러나 구조적 요인, 즉 학력의 대체현상이나 비정규직사원 중시의 채용관리로의 전환은 경기가 회복된다 하더라도 돌아오지 않는 요인"이며, "비정규직사원을 활용하는 것은 변화가 큰 현대사회에서 기업이 존속해 나가기 위해 필요한 고용관리의 하나가 되어 있는 것에 유래하는 변화이다"라고 언급하고 있다.

따라서 이러한 고용구조의 변동은 코스기 레이코가 언급하고 있는 바와 같이, "학교교육의 개선에 의해 회복될 수 있는 문제는 아니다" 라는 것이다. 그러나 "고교현장에서의 취직지도 및 알선은 지금 그 상황이 심각한 지경에 달해 있다. 노동시장의 구조적 변화에 대하여 취직을 위한 구조 및 준비가 충분히 대응하지 못하고 있다. 현재 취직자가 급감하는 한편, 진학 또는 취직도 하지 않는 무업자의 증가가 급속하게 증가하고 있다. 이러한 현상의 요인 중 하나는 노동시장의 변화이며, 또 다른 요인은 취직과정이 현재의 변화에 충분히 대응하지 못하고 있다"는 점과 노동시장의 변화와 취직준비 사이의 '동요' 및 '괴리'를 지적할 수 있겠다.

이처럼, 전후 일관되게 유지해 오던 〈졸업 → 취직 → 장기고용〉이라는 일본형 고용관행이 붕괴하고 있음에도 불구하고 노동자(특히, 고졸자)들은 불가사의할 정도로 그다지 심각한 수준의 위기의식은 가지고 있지 않는 것처럼 보인다.

## 2) 고졸 무직자(無職者)

이러한 불가사의한 현상을 이해할 수 있는 열쇠가 제6장에 있다. 미미즈카 히로아키(耳塚寬明)는 제6장에서 고졸 무직자층의 점진적 증가배경으로 첫째, '고졸 노동시장의 몰락'를 들고 있다. 특히, '고졸자에서 대졸자로의 구인 이동'과 '비정규 노동시장의 확대'를 들고 있으며, 둘째, '고등학생 문화의 변화'를 들고 있는데, 여기에는 '학교생활의 수행성과 저하, 학생의 역할로부터의 일탈', '소비문화'의 급속한 접근 그리고 '성인과 크게 변함없는 소비생활의 향유' 등을 지적하고 있다. 셋째, '교육이념 또는 진로지도의 변화' 그리고 넷째, '풍요로운 가정의 경제수준'을 들고 있다.

다시 말해, 제2장 코스기 레이코(小杉)의 지적과 마찬가지로, 고용구조의 변화를 고졸무직자의 점진적 증가를 기조로 하면서 여기에 추가적으로 고등학교 시기부터 아르바이트에 친숙한 점, 소비문화가 그들에게 깊숙이 침투해 있다는 점 등은 그들이 장래 '생산자'로 살아가기 보다 '소비자'로 살아가고자 하는 의지가 강하다는 점이다. 그 때문에 졸업 후에 프리터로서 생활하더라도, 바꿔 말해 용도폐기형 고용자층에 속하더라도 즐거운 마음으로 생활을 유지해 나간다는 고졸 무직자의 상을 그려 볼 수 있다. 일본형 고용관행이 붕괴하여, 스스로 비정규직 고용자층에 속하더라도 그다지 위기의식을 느끼지 못하는 것은 이러한 이유 때문이다.

또한 고졸 프리터층의 가정이 경제적으로 여유가 있다는 것이 이러한 생활방식을 가능하게 해 줄 뿐만 아니라, 부모가 자신의 자녀가 프리터라는 것의 위기의식을 가지기 힘들게 한다. 의식주를 부모에게 의존하게 되면 용돈 정도라면 언제라도 벌 수 있는 이들과, 용돈 정도는 스스로 벌 수 있다면 당분간은 집에서 같이 살아도 된다는 의식을 지닌 부모가 다수 존재한다. 부모 자신이 이미 풍요로운 시대를 살고 있다. 기아(飢餓)의 공포는 전혀 알지 못한다. 게다가 부모의 의식의 저변에는 아이들의 인생은 아이들의 것이라는 민주주의 사상에 기초한 논리가 뿌리 깊게 자리잡고 있다. 이러한 의식과 태도를 고려했을 때 앞에서 제시한 현상은 어쩌면 당연한 것일지도 모른다.

가장 문제시되는 것은 학교이다. 그러나 미미즈카는 학교도 "학생들의 '개성을 중시한 진로선택'을 중시하고 있으며, 결과적으로 '진로미결정' 또는 '프리터'를 정당화하는 방향으로 진로지도가 변화하고 있다. 이러한 변화는 개성중시의 원칙에 바탕을 두고 있으며, '자기탐색을 위한 여행'을 지원하는 진로지도로서 보다 긍정적인 의미를 부여할 수도 있다. 학생들의 '진로 보증'이 학교의 최대의 가치였던 시대는 이미 과거의 산물에 지나지 않는다"고 지적하고 있다. 학교로서는 당혹스러움과 혼란을 경험하면서도 책임을 추궁받지 않는 오늘날의 상황을 바라고 있지는 않을 것이다.

이처럼 고용되는 노동자(고졸자)와 주변 사람들도 그다지 위기의식을 느끼지 못한 채, 고용구조의 커다란 변화가 진행되고 있는 것이다.

## 2. 풍요로운 사회의 동요

미미즈카(耳塚)의 "어떻게 하면 청소년기에서 성인기로 원활하게 이행시켜, 「성인의 역할」을 하게 할 수 있는가? 전통적으로 일본에서는 신규 졸업자의 채용 시스템이라는 일본 특유의 고용제도의 존재나 직업적 선발역할과 책임이 학교에 위임되어 있는 등의 특수한 상황으로 인해 이러한 이행 시스템은 상당히 효율적으로 기능하고 있었다. 고졸 무직자의 증가는 청소년기에서 성인기로의 이행이 견고한 일본의 시스템이 붕괴하고 있음을 의미한다. 이것은 학교교육의 울타리 안에 청소년을 묶어 두는 것이 어려워졌음을 의미하며, 사회적 훈련의 장을 빼앗아 버리는 결과를 초래하게 된다. 우리는 고졸 무직자의 점진적 증가라는 현상을 교육정책이나 노동정책의 측면에서만 조망할 것이 아니라, 일본의 계층구조를 포함한 보다 폭넓은 차원에서 이해하며, 대처해 나갈 필요가 있다"는 위기의식을 안타깝게도 현시점에서 고용하는 측도 고용되는 측도 느끼지 못하고 있는 것 같다.

제7장에서도 살펴본 바와 같이, 프리터들은 정규직 고용·비정규직 고용 등과 같은 고용형태에 연연하지 않으며, 돈을 벌어서 그 돈으로 현재를 즐길 수 있다면 그것만으로도 만족한다. 출신계층의 문화가 어린 시절부터 청소년들에게 큰 영향을 미쳐, 본인과 부모도 현재상황에 별다른 문제의식을 가지고 있지 않다. 적어도 부모세대에서는 풍요로운 사회 속에서 지금까지 자녀들을 키우면서 생활이 가능했다. 이러한 청소년이 부모와 동일한 문화를 향유하면서 살아간다고 하더라도 크게 '놀랄 일이 아니다'.

그러나 이러한 부모세대가 생활이 가능했기 때문에 자녀세대도 생활이 가능하리란 법은 없다. 일본의 역사를 살펴보면 유사 이래 굶주림의 걱정없이 정규직에 종사하지 않아도 생활이 가능했던 것은 현재 청소년의 부모세대이다.

일본의 구조적 불황이 장기화되어 국가와 지방자치단체의 적자규모가 계속해서 커지게 되면, 그리고 부모세대가 고령화되어 자신의 생활을 유지하는 것만으로도 벅찬 상황이 도래한다면 중년의 나이에 들어선 수백만 명의 프리터 중 상당수는 일(시간제취업)을 잃게 되어 노숙자가 되는 등 심각한 사회문제가 될 위험성이 크다.

풍요로운 사회이기 때문에 '어떻게든 될 거야' 라는 의식이 사회전반에 팽배해 있다. 그 때문에 풍요로운 사회가 끝난 이후, 사람들의 혼란은 심각한 상황을 맞이하지 않을까 하는 우려를 하게 된다. 왜냐하면 풍요로움 속에서밖에 생활해 보지 못한 이들, 아무런 마음의 준비도 되어 있지 않은 이들이 빈곤한 세계와 빈곤한 생활에 직면하게 되기 때문이다.

직장도 없이 방황하는 청소년, 한 번에 대량의 해고자를 쏟아내는 기업, 빈부격차의 확대 등 예전 서양사회가 경험한 길을 일본 사회가 답습하지 않을까 하는 우려를 해 본다.


## 3. 사회통합의 붕괴

저자는 오랫동안 소년비행을 연구해 왔다. 그 때문에 이 책에서도 지적하고 있는 고용구조의 대변동을 범죄·비행의 측면에서 접근하게 된다. 단, 이러한 경향은 저자뿐만 아니라 범죄·비행을 연구하는 이들에게 공통되게 나타나는 특징의 하나라고도 할 수 있을 것이다. 범죄·비행연구가인 하라다 유타카(原田豊)는 다음과 같이 서술하고 있다.

"앞에서도 언급한 바와 같이 이른바 고도경제성장 이후에 일본에서는 10대 초반 청소년의 비행이 증가함에도 불구하고 10대 후반 이후 청소년의 비행과 범죄율은 일관되게 줄어들고 있다. 그 원인은 이 시기의 일본에서는 대다수의 사람이 그 나름대로 안정된 직업생활을 영위할 수 있는 기반이 확립되어 있었으며, 이것이 '학교에서 사회로' 독립하는 이들을 사회로 (재)통합하는 시스템, 또는 '안식처'로서의 기능을 하기 때문이라고 보고 있다. 그런데 현재 이러한 시스템을 지탱해 온 사회기반이 크게 흔들리고 있다는 것이다."

(중략) "필자는 이른바 '거품경제'가 끝나기 전의 시기를 의도적으로 겨냥하여 비행을 저지른 이후 경찰서로 끌려가는 유직·무직 소년의 조사를 실시한 적이 있다. 당시 그 중 80% 이상이 '눈만 낮추면 어떤 직장이라도 구

할 수 있다'라고 응답했다. 조사결과를 정리한 논문의 말미에 필자는 이러
한 그들의 의식이 당시의 경제적 번영에 '기반'하고 있을 가능성을 지적하
며, '만약 본격적인 불황기가 도래했을 경우 그들의 의식이나 행동은 어떻
게 변화할 것인가 하는 점을 향후 중요한 연구과제로 설정하고자 한다.'고
기술했다.

"지난 조사에서 10년이 경과한 지금 '그들'을 둘러싼 상황은 이전과는 크
게 달라졌다. 학교에서 사회로 진출해도 '안정된' 장소(직장)를 구하지 못하
는 청소년이 대량으로 나타났을 때, 일본의 비행현상은 지금까지와는 크게
변화될 가능성이 있다. 이 장의 앞부분에서 제시한 연령별 범죄·비행자 비
율의 추이를 나타내는 표가 1990년대 중반 이후, 부분적이지만 상승곡선
을 그리는 것은 이러한 커다란 구조적 변화의 징후를 나타내는 것인지도 모
른다."(原田豊, 「少年非行と大人の犯罪」, 矢島正見編著, 『新版 生活問題の社會
學』, 學文社, 2001, pp.31~32).

일본의 18~19세 그리고 20대 청소년의 범죄율이 낮은 원인으로 안정
된 직장생활과 가정생활을 지적하는 것은 범죄학자의 대부분이 인정하는
부분이다. 이러한 경향은 대기업과 중소기업과 같은 기업규모와는 상관이
없다. 일본에서는 일과 직장이 사람의 생활을 연결하여, 사람의 사회적 통
합역할을 수행해 왔다. 하라다가 걱정하는 것처럼 고용구조의 변화가 이러
한 통합기회를 붕괴시킬 가능성이 높다고 할 수 있겠다.

직업적 정체성과 직업적 경력을 갖추지 못한 채 그리고 직장의 애착과 귀
속의식을 가지지 못한 채 직장을 전전하는 인생은 가족의 애착을 약화시키
기도 하고, 서로 믿고 의지할 수 있는 친구를 가지지 못하게 하며, 심리적·
사회적 안식처를 상실하여 넓은 바다에서 표류하는 불안전한 배와도 같다.
개인주의사회가 개인의 자유, 존중의 대가로 사회로부터 격리된 고독한 인

생을 만들어낸다.

지금으로부터 수백 년 전 프랑스의 사회학자 뒤르켐(Durkheim, É.)은 『자살론』에서 에고이즘 자살, 즉 사회로부터 격리된 표류하는 고독한 인간의 자살억지책으로 직업집단으로의 귀속을 제기했다.

"(중략) 따라서 그러한 병폐(에고이즘 자살)를 막기 위해서는 사회집단을 강화하여 개인을 확실하게 장악할 수 있도록 함과 동시에 개인도 집단과 연계될 수 있도록 하는 것 이외에는 방법이 없다.

(중략) 개인은 자신의 인생을 허무하게 여기지 않기 때문에 그들이 직접 접할 수 있는 어떠한 목적에 도움이 되는 것들에 대해 끊임없이 학습해 나가지 않으면 안 된다. 단 그것은 (정치사회보다도) 단순한 좁은 사회 환경이 개인을 보다 친근하게 감싸 안아 개인의 생활에 보다 제한된 경계를 제공할 때 처음으로 가능하게 된다.

(중략) 종교사회, 가족사회, 정치사회 이외에도 지금까지 문제시되지 않았던 또 다른 사회가 하나 더 있다. 그것은 같은 종류의 모든 노동자, 또는 동일직능의 모든 동료가 연계하여 형성하는 직업집단 또는 동업조합이다.

(중략) 동업조합은 개인을 정신적 고독상태에서 끌어내게 하는데 충분한 기능을 한다고 할 수 있다. 기타 집단이 여러 가지 문제를 안고 있기 때문에, 앞에서 언급한 개인의 사회적 고독상태를 해결해 줄 수 있는 유일한 집단이다."(エミール・デュルケム著, (宮島喬譯), 『自殺論』(中公文庫), 中央公論社, 1985, pp.478~486).

고용하는 측인 기업은 국제적 경쟁력을 강화하기 위하여 그리고 고용되는 측인 청소년은 구속과 책임과 까다로운 인간관계를 꺼려 하여, '개인을 둘러싸고 있는 정신적 고독상태로부터 끌어내 줄' 직장기능을 포기하려고 하고 있다. 풍요로운 사회가 일정 수준 이하로 쇠퇴할 경우 그 결과는 사회에 커다란 문제를 초래하게 될 것이다. 아니, 이미 그 결과는 '범죄'라는 형태로 시작되고 있다. 하라다(原田)의 우려가 현실화되고 있다.

# |참|고|문|헌|

## 第1章

日本労働研究機構(1990),『高卒者の進路選択と職業志向ー初期職業経歴に関する
 　　追跡調査よりー』,調査研究報告書 4号.

Osterman, P.(1980), *Getting Started : The Youth Labor Market*, The MIT Press.

Windolf, P. & Wood, S.(1988), *Recruitment And Selection In The Labor market ; A
 　　Comparative Study Of British And West Germany*, Avebury.

S. M. ジャコービ著, 荒又重雄・木下順・平尾武久・森晃訳(1989),『雇用官僚
 　　制ーアメリカの内部労働市場と"良い仕事"の生成史ー』,北海道大学図書刊
 　　行会.

(社)日本在外企業協会(1991),『米国大学新卒者採用環境に関する調査報告書』.

小池和男(1977),『職場の労働組合と参加ー労資関係の日米比較ー』,東洋経済新聞
 　　社.

松浦透明(1981),『米国サラリーマン事情』,東洋経済新聞社.

吉川裕美子(1988),『ドイツ資格社会における教育と職業』,教育開発研究所.

耳塚寛明・樋田大二郎編著(1996),『多様化と個性化の潮流をさぐるー高校教育改
 　　革の比較教育社会学ー』,学事出版.

隅谷三喜男編著(1971),『日本職業訓練発展史(下)』,日本労働会.

野口悠紀夫雄(1995),『1940年体制ーさらば「戦時経済」』,東洋経済新聞社.

経済企画庁編(1961),『国民所得倍増計画』.

雇用管理研究会編(1969),『高卒現業員管理』,日本実業出版社.

岩木秀夫・耳塚寛明編集・解説(1983),『現代のエスプリ No. 195：高校生-学校格
 　　差の中で-』,至文堂.

天野郁夫編(1988),『高等学校の進路分化機能に関する研究』,トヨタ財団研究助成
 　　報告書.

アメリカ民主党・進歩的政策研究所(PPI)著, 筑紫哲也監修(1993),『変革への提言』,
 　　同文書院インターナショナル.

日本労働研究機構(1999),『アメリカの職業訓練：公共職業訓練の国際比較研究』,
 　　資料シリーズ1999. 96号.

ロバート・B・ライシュ著, 中谷巌訳(1991),『ザ・ワーク・オブ・ネーションズ／21世紀資本主義のイメージ』, ダイヤモンド社.

デイヴィッド・M・ゴードン著, 佐藤良一・芳賀健一訳(1998),『分断されるアメリカ:「ダウンサイジング」の神話』, シェプリンガ-・フェアラーく東京.

ロバート・H・フランク&フィリップ・J・クック著, 香西泰監訳(1998),「ウイナ-・テイク・オール:ひとり勝ち』『社会の到来』, 日本経済新聞社.

岩木秀夫(1999),「ドイツ二元型職業訓練制度の現状とその動向-生徒訓練の構造の機能(2)-」『日本女子大学紀要社会学部第9号』.

西村祐通・竹中恵美子・中西洋編著(1996),『個人と共同体の社会科学-近代における社会と人間-』, ミネルヴァ書房.

ベドリック・スミス著, 桜井元雄訳(1996),『アメリカ自己変革への挑戦-21世紀へのシナリオ-』, 角川書店.

文部省高等教育局(1999),『大学と学生:特集-インターンシップ』, 通巻413号.

**第2章**

雇用政策研究会(2000),「労働力需要の見通し」, 労働省職業安定局編,『雇用レポート2000』, 労務行政研究所.

文部省編(各年度),『学校基本調査』, 大蔵省印刷局.

日本労働研究機構(1990),『高卒者の進路選択と職業志向』.

日本労働研究機構(1996),『高卒者の初期キャリア形成と高等教育』, 調査研究報告書89号.

日本労働研究機構(1998),『新規高卒労働市場の変化と職業への移行の支援』.

日本労働研究機構(2000),『フリーターの意識と実態－97人へのヒアリング調査より』.

日本労働研究機構(2000),『進路決定をめぐる高校生の意識と実態-高卒フリータ増加の実態と背景』.

日経連・東京経営者協会(2000),「高校新卒者の採用に関するアンケート」.

日経連(1995),『新時代の日本的経営』.

労働大臣官房政策調査部編(1998),『若年者就業の実態』.

労働大臣官房政策調査部編(各年度),『雇用動向調査』.

労働省職業安定局編(各年度),『新規学卒者の労働市場』.

労働省職業安定局編(各年度),『高校・中学新卒者の就職内定状況等』.

総務庁編(各年度),『労働力調査』.

総務庁編(各年度),『労働力調査特別調査報告』.

労働省編(2000),『平成12年版 労働白書』.

## 第3章

文部省／文部科学省(各年度),『学校基本調査報告書』.

総務省(各年度),『労働力調査』,『労働力調査特別調査』.

リクルートリサーチ／リクルートワークス研究所(各年度版),『大学生の求人倍率調査』.

人本私立大学連盟(1995),『第9回学生生活実態調査報告書』.

リクルートリサーチ(1999),『企業イメージ調査』.

リクルート(1995),『日本的人事システムと人材開発についての調査』.

IDE(2000年5月号),「就職危機の時代」『IDE・現代の高等教育』.

IDE(2000年9月号),「学生募集の戦略」『IDE・現代の高等教育』.

IDE(2001年4月号),「高校生は変わった」『IDE・現代の高等教育』.

IDE(2000年5月号),「大卒就職構造の変化」『IDE・現代の高等教育』.

東信堂(2004),『学士課程教育の改革』, 東信堂, 2004年.

IDE(2004年4-5月号),「私立大学10年後への戦略」『IDE・現代の高等教育』.

IDE(2005年2月号),「大学と就職」『IDE・現代の高等教育』.

## 第4章

Hagen and Jenson(1987), "Paradoxes and promises", Hagen et al.(eds), *Feminization of Labor*, Polity Press.

木本喜美子(1999),「女の仕事と男の仕事」鎌田とし子・矢沢澄子・木本喜美子編,『講座社会学14　ジェンダ-』, 東京大学出版会.

杉本貴代栄(1999),『ジェンダ-で読む福祉社会』, 有斐閣.

ソコロフ・ナタリ-J.(1987),『お金と愛情の間』, 勁草書房.

竹中恵美子(1994),「変貌する経済と労働力の女性化-その日本的特質-」, 竹中・久場嬉子(編),『労働力の女性化』, 有斐閣.

上野千鶴子(1998),「出生率低下：誰の問題か」『人口問題研究』54巻1号.

ヒメルワイト・ス-ザン(1996),「無償労働の発見」『日米女性ジャーナル』20号.

## 第5章

村松幹子(1997),「キャリア形成途上段階女性の雇用市場退出と一時退出の判別」『教育社会学研究』第61集, 日本教育社会学会.

村松幹子(2000),「女子学生のライフコース展望とその変動」『教育社会学研究』 第66集, 日本教育社会学会.

内閣総理大臣官房広報室(1997),『国民生活に関する世論調査』.

内閣総理大臣官房広報室(2000),『国民生活に関する世論調査』.

日本労働研究機構(1995),『大卒者の初期キャリア形成-「大卒就職研究会」報告-』.

日本労働研究機構(1997),『女性の職業キャリア意識と就業構造に関する研究』.

労働省女性局(1998),『働く女性の実情　1998』,(財)21世紀職業財団.

総務庁青少年対策本部編(1997),　『日本の青少年の生活と意識-青少年の生活と意識に関する基本調査報告書-』.

総理府広報室(1999),『月刊世論調査』, 31巻10号, 大蔵省印刷局.

東京都労働経済局(1998),『平成9年度　東京の女性労働事情-企業と女子学生の就労についての意識や行動のギャップに関する調査』.

Stockman, N., Bonney, N., and X. Sheng(1995), *Women's Work in East & West : the Dual Burden of Employment and Family Life*, UCL Press.

脇坂明(1997),「コース別人事制度と女性労働」, 中馬弘之・駿河輝和編,『雇用慣行の変化と女性労働』, 東京大学出版会.

文部省(1999a),『平成11年度学校基本調査報告書(初等中等教育機関専修学校・各種学校編)』, 大蔵省印刷局.

文部省(1999b),『平成11年度　学校基本調査報告書(高等教育機関編)』, 大蔵省印刷局.

労働省女性局(1998),『働く女性の実情 1998』, 21世紀職業財団.

総務庁青少年対策本部編(1999),『平成10年度　青少年白書：青少年問題の現状と対策』.

### 第6章

日本労働研究機構(2000),『進路決定をめぐる高校生の意識と行動　高卒「フリーター」増加の実態と背景』.

苅谷剛彦ほか(1997),「進路未決定の構造」『東京大学大学院教育学研究科紀要』, 37巻.

樋田大二郎・耳塚寛明・岩木秀夫・苅谷剛彦編著(2000),『高校生文化と進路形成の変容』, 学事出版.

耳塚寛明編(2000),『高卒無業者の教育社会学的研究』, 平成11年度・12年度科学研究費補助金報告書.

### 第7章

玄田有史(1997),「チャンスは一度-世代と賃金格差」『日本労働研究雑誌』449号.

浜中義隆・苅谷剛彦(2000),「教育と職業のリンケージ-労働市場の分節化と学歴の効用」, 近藤博之編,『日本の階層システム3　戦後日本の教育社会』, 東京大学出版会.

石川経夫・出島敬久(1994),「労働市場の二重構造」, 石川経夫編,『日本の所得と
　　富の分配』, 東京大学出版会.

日本労働研究機構(1998),『構造化の人事処遇制度と職業意識に関する調査』.

尾高煌之助(1984),『労働市場分析』, 岩波書店.

尾嶋史章(1994),「労働市場における二重構造の再検討」『経済』30号.

労働省編(1998),『平成10年度　労働白書』, 日本労働研究機構.

労働省編(各年度),『新規学校卒業者の就職離職状況調査結果』.

(財)社会経済生産性本部(1999),『働くことの意識調査報告書』.

(社)雇用問題研究会(1985),「日本的雇用慣行と勤労意識に関する調査」, 労働省委
　　託総務庁統計局(1997),『就業構造基本調査』.

都筑一治(1987),「労働市場と職歴移動」『1985年SSM報告書』.

氏原正治郎(1967),『日本労働問題研究』, 東京大学出版会.

渡部勉・佐藤嘉倫(2000),「職歴に見る戦後日本の労働市場」『社会学評論』 50巻2
　　号.

耳塚寛明編(2000),『高卒無業者の教育社会学的研究』, 平成11年度・12年度科学研
　　究費助成金報告書.

日本労働研究機構(1996),『高卒無業者の初期キャリア形成と高等教育』, 調査研究
　　報告書89号.

労働大臣官房政策調査部編(1998),『若年者就業の実態』.

文部省編(各年度),『学校基本調査』.

総務庁編(各年度),『労働力調査』.

労働省編(2000),『平成12年度　労働白書』, 日本労働研究機構.

労働省(各年度),『雇用動向調査』.

### 第8章

樋田大二郎・耳塚寛明・岩木秀夫・苅谷剛彦編著(2000),『高校生文化と進路形成
　　の変容』, 学事出版.

耳塚寛明編(2000),『高卒無業者の教育社会学的研究』, 平成11年度・12年度科学研
　　究費助成金報告書.

日本労働研究機構研究所(2000),『進路決定をめぐる高校生の意識と行動-高卒「フ
　　リーター」増加の実態と背景-』138号.

リクルート(2000),『フロム・エー』(特集・フリーター白書, フリーターズ・ネクス
　　ト).

リクルートリサーチ(2000),『労働白書(平成12年版)-高齢社会の下での若年と中高
　　年のベストミックス-』, 日本労働研究機構.

日本労働研究機構(2000), 『フリーターの意識の実態－97人へのヒアリング調査より』.

**第9章**
矢島正見編著(2001), 『新版 生活問題の社会学』, 学文社.
エミール・デュルケム著, 宮島喬訳(1985), 『自殺論』(中央文庫), 中央公論社.

# |찾|아|보|기|

# 변화하는 청소년과 직업세계
## 학교-직업세계 이행의 사회학

2007년  3월 15일 초판 1쇄 발행
2013년 12월  1일 초판 2쇄 발행

편 저 자    야지마 마사미 · 미미즈카 히로아키
옮 긴 이    이우현 · 강영배
펴 낸 이    이찬규
펴 낸 곳    북코리아
등록번호    제03-01240호
주    소    462-807 경기도 성남시 중원구 상대원동 146-8
            우림라이온스밸리 2차 A동 1007호
전    화    (02) 704-7840
팩    스    (02) 704-7848
이 메 일    sunhaksa@korea.com
홈페이지    www.북코리아.kr

            값 14,000원

            ISBN  978-89-92521-16-1  93330

본서의 무단복제를 금하며, 잘못된 책은 바꾸어 드립니다.